엄마를
미워하면
나쁜
딸일까

엄마를 미워하면 나쁜 딸일까

초판 1쇄 발행 · 2021년 12월 31일

지은이 · 김선영
펴낸이 · 김동하

펴낸곳 · 책들의정원
출판신고 · 2015년 1월 14일 제2016-000120호
주소 · (03955) 서울시 마포구 방울내로7길 8 반석빌딩 5층
문의 · (070) 7853-8600
팩스 · (02) 6020-8601
이메일 · books-garden1@naver.com
포스트 · post.naver.com/books-garden1

ISBN 979-11-6416-103-4 (03180)

영원한
애증의 관계인
모녀
심리학

엄마를
미워하면
나쁜
딸일까

김선영 지음

책들의
정원

엄마 없이는 못 살지만
엄마랑은 못 살아

다 커도 기대는 자식 vs 평생을 집착하는 부모

　딸에게 엄마는 누구보다 가깝고 친밀한 대상이다. 부자 관계에는 없는 애틋한 무언가가 모녀 관계에는 있다. 그런데 때로는 너무나 애틋한 나머지 종종 접촉사고를 일으킨다. 딸들은 느낄 것이다. 나이를 먹을수록 가장 먼저 떠오르는 사람이 엄마인 동시에 세상 가장 미운 사람도 엄마라는 사실을…. 그렇다. 딸에게 엄마는 영원한 애증의 존재다.

이혼 위기에 처한 한 여성의 이야기를 듣게 되었다. 그녀는 이렇게 말했다.

"남편은 처가라고 하면 일단 신경질부터 내요. 제 말에 무조건 반대하고요. 이런 남자랑 어떻게 살겠어요?"

나는 이들이 주로 어떤 상황에서 싸우는지 궁금했고 평소에 생활하는 모습을 이야기해달라고 했다. 그런데 들을수록 묘한 느낌이 들었다. 그녀가 하는 말마다 '엄마'라는 표현이 따라붙었기 때문이다.

"엄마가 '네 남편 살 좀 빼야겠다'고 하시더라고요. 그래서…."

"엄마가 건강식품을 추천해서 보내줬는데…."

"엄마가 내년에는 너희도 집을 사야 하지 않겠냐며…."

그녀의 가정은 얼핏 고부 갈등, 아니 장서(장모와 사위) 갈등을 겪는 듯 보였다. 하지만 문제의 본질은 따로 있었다. 그것은 바로 그녀와 친정엄마 사이에 정서독립이 이루어지지 않았다는 점이었다. 그녀는 결혼해서 어엿한 가정을 꾸린 어른이었지만 심리적으로는 여전히 친정엄마에게 속한 어린아이였다. 남편 역시 이렇게 말했다.

> "집에서 일어나는 모든 일에 장모님이 끼어 있습니다. 제가 아내랑 사는 것인지, 장모님이랑 사는 것인지 헷갈릴 정도예요."

삶에서 일어나는 많은 문제는 의외로 정서독립 때문에 발생한다. 정서독립이란 부모와 자식이 서로를 성숙한 인격체로 인정하며 각자의 삶에 집중하는 상태를 뜻한다. 한마디로 엄마와 딸이 모두 온전한 어른으로 살아가는 상태다. 그러나 스스로 돈을 벌어서 경제독립을 했거나 다른 공간에 살며 주거독립을 했어도 정서적으로는 여전히 부모에게 의존하고 있는 경우를 쉽게 찾을 수 있다.

정서독립이 되지 않으면 부모와 자식은 서로에게 과도한 의존을 한다. 앞에서 언급한 사례처럼 자식이 세상만사를 부모에게 기대는 경우가 있는가 하면, 반대로 부모가 자식에게 일방적으로 집착한 나머지 자식을 품에서 내어주지 않으려고 하기도 한다. 이런 경우 자식은 부모의 그늘에서 벗어나는 것을 삶의 유일한 목표로 삼아버린다.

세 명의 엄마와 한 명의 아빠

더 무서운 점은 상처의 대물림이다. 부모에게 건강한 사랑을 받지 못한 아이는 훗날 자신의 아이에게도 같은 실수를 반복하기 쉽다. 나도 비슷한 경우였다. 나에게는 엄마가 많았다. 친엄마는 내가 3살 때 아빠와 이혼했다. 아빠는 얼마 후 재혼했고 내게는 새엄마가 생겼다. 아빠는 재혼한 상태에서 끝없이 바람을 피웠고 새엄마는 그에 따른 스트레스를 나에게 풀었다. 내가 두드려 맞는 날이면 집안은 요란한 소리로 가득 찼다. 때로는 온 동네를 질질 끌려 다니면서 맞았다. 온몸은 상처와 멍으로 뒤덮였고 머리에는 항상 혹이 나 있었다.

하지만 아빠는 가정에 무관심한 사람이었다. 아빠는 내

가 학대당하고 있다는 사실을 모른 채 가끔 이런 말만 되풀이했다.

"나는 너 없이 못 산다. 나중에 커서 친엄마한테 가면 안 돼. 그러면 아빠는 죽어."

나는 아빠가 나를 필요하다고 말하는 것이 나를 사랑하는 증거라고 여겼다. 그래서일까? 나는 타인이 나를 원한다고 말하면 과도한 반응을 보이는 아이로 자랐다.

나는 시름시름 죽어가기 시작했다. 일단 밥을 먹지 못했다. 맛있는 반찬을 먹기라도 하면 아빠가 출근한 후 새엄마에게 혼나기 일쑤였다. "아빠 주려고 했는데 네가 왜 먹니?"라는 말과 함께. 겨우 7살 난 아이가 제대로 먹지를 못하니 영양실조라도 걸린 듯 말라갔다. 몸이 허약해지자 심장병, 골수염, 폐병이 차례로 찾아왔고 몇 년이나 병원에서 지내느라 초등학교를 제대로 다니지 못했다.

몸뿐만 아니라 마음도 약한 아이로 자랐다. 중고등학교 시절에는 존재감이 없는 학생이었다. 무기력했으며 지독한 우울증으로 학교에 잘 적응하지 못했다. 이런 중에도 아빠는 계속해서 바람을 피우다가 그리도 나를 못 살게 굴던 새엄마에게 쫓겨났으며, 두 번째 새엄마를 맞이했으나 그 결혼 생활 역시 오래가지 못했다. 두 번째 새엄마가 집을 나간 후 나는 서울에 있는 고모 댁에 맡겨졌다.

차라리 잘된 일이었다. 고모는 동정심 많은 어른이었다. 나는 그동안 누구에게도 받지 못한 사랑을 느꼈다. 사촌 언니와 오빠 사이에서 편안한 시간을 보냈고 처음으로 종교도 가지게 되었다. 신은 나에게 이렇게 말하는 듯했다.

"잘 견뎠구나. 그동안 고생이 많았어. 힘들었지?"

나는 교회에서 우연히 집단상담이라는 것을 받았다. 그러면서 드디어 부끄럽기만 했던 과거를 타인 앞에서 고백해도 움츠러들지 않게 되었다.

어른이 되어도 벗어나지 못한 상처

이야기가 여기서 끝난다면 얼마나 좋을까? 모든 동화의 끝맺음이 "영원히 행복하게 살았답니다"인 것처럼. 하지만 내 앞에는 의외의 장벽이 서 있었다. 좋은 남자를 만났고 결혼해서 내 가정을 꾸리게 된 것은 분명 축복이었다. 아들 하나, 딸 하나. 이렇게 어여쁜 자식도 둘이나 낳았다.

　나는 딸에게 특히 애정을 쏟았다. 어린 시절의 내가 그토록 받고 싶었던 보살핌을 온전히 딸에게 주려는 마음이었다. 딸이 제시간에 등교하는 것, 숙제와 준비물을 잊지 않고 챙기는 것, 날씨에 맞는 옷을 입고 나가는 것…. 이 모든 것이 엄마인 나의 책임이라고 생각했다. 한번은 아이가 우산을 챙기지 않아 비를 맞고 하교했는데 그 모습을 보자마자 울컥 눈물이 났다.

　그러나 과한 것은 부족한 것만 못했다. 내가 받지 못한 관심과 사랑을 집중적으로 받고 자란 딸은 어느새 엄마가 없으면 아무것도 하지 못하는 아이가 되어 있었다. 딸은 입버릇처럼 "엄마가 해줘"라거나 "나는 못해"라고 말하는 자신감 부족한 아이로 자랐다. 집안에서 사랑을 받아만 봤기에 자기중심적이고 사회성이 떨어졌다. 유치원과 초등학교를 졸업하는 내내 친구를 잘 사귀지도 못했다. 나는 그제야 내가 어린 시절에 겪었던 아픔을 딸에게 투사해서 과잉보호를 하고 있다는 사실을 깨달았다.

그때부터 나는 딸을 분리된 인격체로 대하는 훈련을 했다. '내 딸은 어린 시절의 나와 다른 환경에서 살고 있어. 딸에게는 다정한 엄마도 있고 든든한 아빠도 있잖아. 딸은 내가 아니야. 딸은 내가 아니야. 딸은 내가 아니야…' 수없이 스스로에게 되뇌며 딸을 놓아주는 연습을 했다. 동시에 나 자신에게 집중하는 시간을 늘리며 내 안에 잠들어 있던 어린 시절의 나와 대면했다.

나도 평범하게 행복해질 수 있을까

우리는 내면의 상처를 꺼내거나 드러내기를 꺼린다. 떠올리기만 해도 통증이 느껴지고 아프기 때문이다. 그러나 시간이 지난다고 해서 상처가 저절로 사라지지는 않는다. 우연히 건드려질 때면 찌릿한 감각이 전해지고 상처가 덧나 또 다른 문제가 파생되기도 한다. 이런 트라우마의 고름은 아무리 아파도 깨끗이 짜내고 치료해야 한다. 그러면 새살이 돋고 아픔에서 벗어날 수 있다.

나 또한 많은 상처와 아픔을 치료하는 과정을 지나왔다. 참으로 긴 여정이었지만 그 과정을 통해 자유를 경험했다. 과거에서 벗어나 오늘을 바라보고 내일을 꿈꿨다. 무엇보다 나 자신을 깊이 이해하고 사랑할 수 있게 되었다. 딸과의 관계도 물론 바로잡을 수 있었다. 덕분에 아이는 누구보다 능동적이고 독립적인 20대 아가씨로 성장했다.

《엄마를 미워하면 나쁜 딸일까》는 건강한 사랑을 받지 못하고 자란, 그래서 몸은 어른이 되었지만 마음은 여전히 아픈 아이인 수많은 딸들을 위한 책이다. 딸의 인생에 가장 큰 영향을 끼치는 인물인 '엄마'와의 문제를 중점적으로 살피고 그 문제들이 이후 딸의 삶에 어떻게 드러나는지 추적했다. 1장의 이야기를 읽으며 그녀들의 삶을 들여다보면 마치 나의 사연인 듯 묘한 감회에 젖기도 할 것이다.

그러나 공감만으로는 문제가 해결되지 않는다. 2장에서는 구체적 방법을 제시하기 위해 노력했다. 부모와 자식의 관계를 다룬 책이 시중에 많지만 대체로 원인만 분석해줄 뿐, 그래서 도대체 어떻게 해야 하는지 알려주는 책은 드물다. 게다가 "엄마의 양육 방식이 중요하다"는 식의 조언은 이미 성인이 되어버린 우리에게 아무런 도움이 되지 않는다. 하물며 입맛대로 부모를 바꿀 수도 없는데 말이다.

이 책은 이런 현실적 한계를 인정하고 지금부터라도 실천할 수 있는 작은 시도와 변화에 집중할 것이다. 치료 방법은 사람에 따라 다르며 다소 시간이 걸릴 수도 있지만 확신을 가지고 노력한다면 충분히 극복 가능하다. 책을 읽는 모두가 과거를 훌훌 털어버리고 앞을 향해 나아가기를 진심으로 응원한다. 우리는 이제 어른이 되었으며, 스스로의 힘으로 행복해질 수 있는 나이가 되었기 때문이다.

2021년 겨울, 봄을 기다리며
김선영

1장

왜 하필 엄마 딸로 태어났을까

2장

나는 나쁜 딸이 되기로 했다

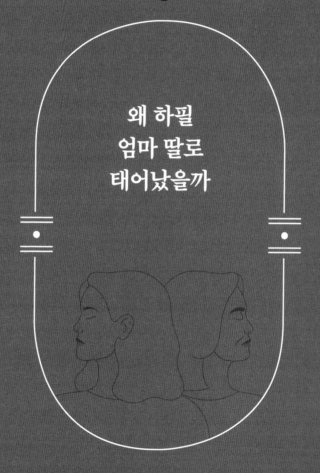

왜 하필
엄마 딸로
태어났을까

자식을 두고 냉정하게 평가하는 엄마

엄마는 종종 자신도 모르게 선생이 된다. 아이를 가르치고 통제하는 데 몰입한 나머지 엄마라는 본질을 잊은 채 아예 선생님이 되어버린다. 그러나 자신의 엄격한 태도가 자식에게 어떤 영향을 미칠지는 모를 가능성이 크다. 때로는 자신이 이루지 못한 꿈을 자식이 대신 이뤄주기를 바라면서 자녀의 성과를 곧 자신의 만족으로 여기기도 한다. 엄마는 항상 말한다.

"다 너 잘되라고 하는 말이야."

이런 유형의 엄마는 항상 기준이 높다. 어지간히 잘해서는 잘한 축에도 들지 못한다. 자식은 부모에게 사랑받고 싶은 본능을 느낀다. 이 경우에는 '인정'이라는 이름의 사랑을 받기 위해 잘난 모습만 보이려고 한다. 그래야 엄마가 만족하기 때문이다. 자식에게는 점차 '완벽히 해내야 해'라는 예민한 집착이 생긴다. 엄마의 눈높이에 맞는 사람이 되기 위해서 말이다.

그러나 모두가 1등이 될 수는 없다. 때로는 넘어지고, 부딪히고, 좌절하는 순간이 온다. 보통의 모녀 관계라면 엄마에게 위로받기를 바랄 것이다. "나 넘어져서 아파요"라고 어리광을 피울지도 모른다. 하지만 선생님 같은 엄마를 둔 자녀는 실패를 감추기 시작한다. 들키는 순간 엄마에게 무슨 소리를 들을지 뻔하기 때문이다.

엄마는 내 편이 아니야

본인 책임이 아닌 일에서도 그렇다. 혜진 씨는 과거 고등학생 시절 성추행을 당했다. 독서실에서 밤이 깊도록 공부하다가 새벽에 귀가하는데 술에 취한 아저씨를 만났다. 불행 중 다행히 더 심각한 일이 벌어지기 전에 도망쳤지만 혜진 씨의 심장은 쿵쾅거렸다. 그러나 험한 일을 당하고도 혜진 씨는 부모님에게 그 사실을 말하지 못했다. 엄마가 혼낼 것이 분명했기 때문이다. 혜진 씨 머릿속에서는 엄마의 목소리가 환청처럼 울렸다.

"미리 연락하고 왔어야지."
"넌 어떻게 하고 다녔기에 그런 일을 당하니?"
"치마를 그렇게 짧게 하고 다니지 말랬지!"

혜진 씨는 자신의 고통을 알리고 싶은 마음보다 엄마가 보일 반응에 대한 두려움이 컸다. 왜 그랬을까. 도대체 이유가 뭘까. 혜진 씨는 성장 과정에서 엄마 눈치를 보느라 바빴다. 엄마가 늘 선생님처럼 자신을 가르치고 평가하려

했기 때문이다. 그녀는 매 순간 시험을 치는 기분으로 살아왔다. 그것도 한 번 틀리면 영원히 돌이킬 수 없는 시험. 결국 혜진 씨는 성추행이라는 불미스러운 일을 마치 없었던 듯 숨기는 쪽을 택했다.

어른이 된 혜진 씨는 어떻게 살고 있을까. 지금은 30대 후반의 어엿한 커리어 우먼이 된 혜진 씨. 그러나 엄마 앞에만 서면 목소리가 작아지는 버릇은 여전하다. 한 번은 추석을 앞두고 혜진 씨와 남편이 크게 싸운 적 있었다. 남편이 몰래 적금을 털어 주식에 넣었다가 들통난 것이다. 혜진 씨는 며칠을 울었다. 그러나 이 일을 친정엄마에게는 절대 말하지 않았다. 추석에도 회사 핑계를 대며 친정에 가지 않았다. 얼굴 보고 이야기하다 보면 티가 날 것 같아서였다.

이때만이 아니었다. 혜진 씨는 종종 누군가에게 기대고 싶고 위로받고 싶을 때가 있었다. 진급 시험에서 떨어졌을 때, 절친한 친구와 사이가 틀어졌을 때, 이번처럼 남편이 속을 썩일 때가 그랬다. 다른 사람들을 보면 이럴 때 '엄마 품'에 안기는 것 같던데, 혜진 씨에게는 그럴 엄마가 없었다. '이 세상에서 단 한 명도 나를 온전히 나를 지지해주지 않는구나'라는 외로움과 서러움이 몰려왔다.

엄마의 기대에 못 미치면 낙제하는 것일까

습관적으로 엄마에게 거짓말을 하는 아이들이 있다. 거짓말하는 이유는 다양하겠지만, 대체로 자신의 솔직한 모습을 보이면 엄마가 이해해주지 못할까봐 상황이나 감정을 꾸며내기 위해서인 경우가 많다. 이런 습관은 어른이 될 때까지 이어진다. 어떤 딸들은 성인이 되어서도 친정엄마 앞에서 소소하게 허풍을 떤다거나 나쁜 일을 감춘다.

엄마가 소위 '잘난' 사람일수록 이런 현상은 커진다. 자수성가한 엄마는 역경을 딛고 일어선 자신의 높은 기준치를 자식도 충족시켜주기를 원한다. 무의식적으로 자식을 채근하고 더 나은 사람이 되도록 종용한다. 엄마보다는 선생님, 아니, 아주 매서운 사육사처럼 행동한다. 끝없는 잔소리로 정답을 제시하는 엄마의 모습에 아이들은 두려움을 느낀다. 지시하는 대로 따라 한다. 때로는 따라 하는 척을 하기도 한다. 그러다가 결국 자신이 진정 원하는 것이 무엇이었는지를 잊게 된다.

최대한 많은 정보를 자식에게 전달해 빠른 성공을 일구고자 하는 엄마의 곁에서 자식은 점점 스스로 시행착오를 겪고 잘못을 수정해가려는 의지를 잃어간다. 가보지 못한 길에 대한 두려움과 필요 이상의 경계심으로 소심해진다. 조금만 잘못해도 자괴감을 느끼기도 한다. 생각해보자. 학교에 가서 실컷 공부하고 돌아왔는데, 집에도 여전히 선생님이 있다면? 자식은 호랑이 같은 엄마의 품으로 마음 놓고 파고들 수 있을까?

엄마 친구 딸은 다들 잘났다던데

게다가 이미 성공한 엄마의 주변에는 역시 성공한 사람들밖에 없다. 그들은 이렇게 말한다.

"우리 애가 이번에 유학 가잖아. 졸업 후에는 한국에 돌아와서 가업을 잇게 하려고. 자기도 똑똑한 딸 있다며? 그럼 무슨 걱정이야."

엄마는 온갖 잘난 사람들과 자신의 딸을 비교하기 시작한다. 그런데 어쩐지 못미덥다. 성적도 조금 처지는 것 같고, 나중에 그럴듯한 명함이나 들고 다닐지 의심스럽다. 불안하고 초조해진 엄마는 딸에게 성질을 내며 재촉한다.

"너는 왜 남들처럼 못하니?"

딸을 위해서 경제적 지원도 해줬고 먹고 살 걱정을 시킨 것도 아닌데 왜 원하는 만큼 성과가 나오지 않는지 답답하다. 엄마는 무의식중에 자식을 궁지에 몰아넣는다.

"돈 써서 학원도 다니고 과외도 하는데 왜 이렇게밖에 못해? 엄마는 어릴 때 학원 근처에도 가본 적이 없다."

"너는 그걸 직장이라고 다니니? 생각이 있는 거니, 없는 거니?"

자식은 그럴수록 부모의 사랑과 인정을 받기 위해 현재 모습에 만족하기보다는 이상적인 상태에 도달하려 애 쓰지만 현실과의 괴리감은 점차 커져간다. 어쩌다가 엄마 말을 잘 들어서 좋은 결과가 나오면 그것대로 피곤해진다.

"거봐. 엄마가 진작 이렇게 하라고 했잖아?"

노력하느라 고생한 것은 나인데, 공은 엄마가 가져간다.

평생 벗어나지 못할 감옥

어린 코끼리의 발목에 밧줄을 묶어 말뚝에 매어두면 자

라서 말뚝을 뽑을 수 있을 만큼 힘이 세진 이후에도 벗어나지 못한다. 심리적으로 무기력해진 것이다. 사람도 마찬가지다. 영자 씨가 그렇다. 55세가 된 영자 씨는 지금도 늙은 엄마를 무서워한다. 어린 시절 그녀는 끝없이 자신을 채찍질하는 엄마의 요구에 부응하지 못해 자주 혼나면서 성장했다. 함께 큰 형제들도 마찬가지였다.

다른 형제들은 엄마 말을 듣지 않고 버티다가 맞기도 했다. 그래서 영자 씨는 더욱이 엄마에게 반항하지 않았다. 무조건 엄마가 시키는 대로 하면서 화를 피했다. 그래서일까. 영자 씨는 50대가 된 지금까지 엄마 앞에만 가면 긴장이 되고 온몸에 힘이 들어간다. 엄마가 화 낼까봐 매달 생활비를 드리고, 매주 장을 보고 반찬도 만들어 냉장고를 채운다. 엄마는 그것을 당연하게 여기며 끝없이 또 다른 무언가를 요구한다.

"왜 고기는 이것밖에 안 사왔어?"

"과일은 없어?"

다른 형제들은 이런 엄마를 피하고 멀리하니 엄마의 화풀이 대상도 영자 씨뿐이다. 엄마가 형제들을 욕하는 소리도 고스란히 듣는다. "그년들은 천벌을 받을 거다"라든지

"그것들은 인간도 아니야"라는 식의 불평을 늘어놓을 때면 영자 씨는 입을 닫고 조용히 있는다.

일평생 엄마의 통제와 속박에서 벗어나지 못한 영자 씨는 온몸 여기저기가 아프다. 복통, 근육통도 모자라 우울증과 무기력증이 생겨 밤잠을 깊이 이루지도 못한다.

"이제라도 엄마에게서 떨어져 있고 싶은데, 그래도 될까요?"

영자 씨는 말뚝에 매어 있는 것에 너무 익숙해져버렸다. 엄마와 거리를 두는 것이 마치 천하 제일의 불효인 것처럼 느껴진다.

'그래도 그렇지. 어떻게 엄마를 버리겠어.'

우리 엄마 성격 받아줄 사람은 나밖에 없다는 체념도 든다.

엄마와의 관계에서 상처받은 딸들은 '언젠가는 벗어날 거야'라며 현재를 참는다. 그런데 성인이 되고, 취업해 돈을 벌고, 심지어 먼 지역에 홀로 나와 사는데도 엄마는 모진 말로 내 가슴을 쑤신다. 엄마의 전화번호를 차단해버릴까 싶다가도 각오가 서지 않고, 온 가족과 등돌릴 것이 아니라면 어차피 끊어낼 수도 없겠다는 판단이 든다. 그러나

한 가지 중요한 사실이 있다. 엄마를 영원히 보지 않게 된다고 해도 내 안의 상처는 낫지 않을 것이라는 점이다. 아픔을 견디는 데 익숙해질 뿐이다.

과잉보호가 만든
의존성

딸을 지켜줘야 한다는 강박

아이가 아직 어릴 때, 간신히 고개를 젖힐 수 있을 만한 나이일 때는 엄마가 세상의 전부일 수 있다. 엄마가 사라지면 불안한 시선으로 엄마를 찾고, 엄마 역시 그런 딸을 자신의 일부로서 온전히 보호하고 지킨다. 그러나 딸이 세상으로 나아가야 할 시기에도 여전히 자신의 주머니 속에 든 캥거루처럼 딸의 일거수일투족을 신경 쓰고 보호하는 엄마가 있다.

먼저 어린 시절 부모에게서 느낀 섭섭함이나 원망의 기억이 엄마를 과잉보호로 이끄는 경우다. 내 딸만큼은 내가 받지 못했던 사랑을 경험했으면 하는 마음에 끝도 없이 사랑을 퍼붓는다. 자신과 딸을 동일시하면서 한시라도 딸이 자신의 보호망 밖으로 벗어나는 것을 용납하지 않는다. 마치 그렇게 하면 어린 시절의 자신이 구원받기라도 할 것처럼.

딸은 자신만 바라보면서 모든 것을 챙겨주고 위해주는 엄마에게 그에 상응하는 관심을 준다. 자신의 행동에 언제나 엄마가 개입할 여지를 남긴다. 엄마는 나를 사랑하니까, 모든 것을 다 해주니까, 엄마가 와서 해결해줄 때까지 기다린다. 의존적인 태도가 몸에 배게 된다. 그러다 보면 사소한 결정도 엄마의 뜻을 묻고 눈치를 본다. 스스로 결정해야 하는 시기가 와도 엄마는 여전히 나의 일부가 아니라 중심축으로서 기능한다. 엄마 역시 그런 딸을 놓지 못한다. 가족은 이제 건강하게 뿌리를 공유하는 것이 아니라 끝도 없는 칡넝쿨처럼 서로를 칭칭 동여매고 속박과 집착의 늪에 빠진다.

남자친구를 질투하는 엄마

하은 씨는 엄마의 모든 것이었고, 엄마 역시 하은 씨의 모든 것이었다. 기억나는 가장 어린 시절부터 엄마는 하은 씨를 아꼈다. 너무 아꼈다. 그래서 하은 씨는 친구와 노는 시간보다 엄마랑 노는 시간이 더 많았다. 처음에는 다른 친구들도 다 그런 줄 알았다. 엄마는 늘 "세상에서 너를 제일 사랑하는 사람은 엄마야"라는 말로 하은 씨를 꼼짝할 수 없게 했다. 그러나 하은 씨는 때로 엄마에게서 벗어나 친구와의 관계를 맺고 싶었다. 하지만 방법을 찾을 수 없었다.

하은 씨가 처음으로 남자친구를 사귀게 되었을 때, 엄마는 하은 씨가 전에 없이 설렘을 느끼고 행복해하는 모습에 서운함을 감추지 않았다.

"걔 성격이 좀 이상한 것 같아. 절대 믿어서는 안 돼."

하은 씨는 엄마 말을 듣고 남자친구에게 가서 물었다.

"오빠는 내가 믿으면 안 될 사람이야?"

남자친구는 물론 고개를 저었고, 다소 기분 나쁜 투로 말했다.

"그럼 너는 믿지 못하는 사람과 사귀는 거야?"

남자친구와 싸울 뻔한 것을 겨우 면한 하은 씨는 그날 집에 가서 엄마에게 투덜거렸다.

"엄마 때문에 오늘 분위기 망쳤잖아."

그러자 앞뒤 상황을 전해들은 엄마는 하은 씨에게 계속해서 주의를 주었다.

"다 너 꼬시려고 그러는 거야. 자기 입으로 '나 나쁜 놈이오'라고 하는 사람이 있니? 그렇게 순진해서 어떡하려고…."

이후 하은 씨는 사회생활을 시작했다. 직장에서 자리를 잡고 당당하게 사는 모습을 엄마에게 보여주고 싶었다. 그러나 사회초년생에게는 작은 업무도 버거웠고, 생각보다 매끄럽게 일을 처리하지 못해 급기야 상사로부터 노골적인 퇴사 압박을 받게 되었다. 그때 남자친구가 나서서 직장을 상대로 소송을 해주었고, 회사는 벌금을 물게 되었다. 하은 씨가 원하면 계속 직장을 다닐 수 있는 상황이었지만 신뢰가 깨진 상태였기에 퇴직금을 받고 퇴사하게 되었다.

한 차례 힘든 일을 겪고 난 뒤 하은 씨는 남자친구에 대한 신뢰와 믿음이 굳건해져 급속도로 가까워졌으며, 결혼을 하게 되었다. 하은 씨에게는 이제 어엿한 가정에서 행복을 누릴 일만 남은 것 같았다.

'엄마가 시키는 대로 하면 편했는데'

엄마는 처음에 하은 씨의 결혼을 엄청나게 반대했다. 그렇지만 하은 씨는 난생처음 엄마의 말을 거역하며 결혼식을 올렸다. 하은 씨는 남편과의 새로운 공간으로 모든 짐을 옮겨왔고 새로운 인생이 시작되는 듯했다. 그러나 하은 씨는 마음까지 온전히 신혼집으로 옮겨올 수 없었다.

"장모님은 왜 주말마다 집에 오시는 거야?"

남편이 참다못해 물었으나 하은 씨에게 그것은 당연한 일이었다. 하지만 둘만의 시간을 꿈꾸던 남편에게는 황당한 일들의 연속이었다. 한두 번은 효도 차원에서 그럴 수 있다지만, 대부분의 여행에는 하은 씨의 엄마가 끼어들었고, 하은 씨도 틈만 나면 남편에게 "친정에 함께 가자"라고 말했다. 남편은 서서히 지쳐갔다. 부부 간에 냉랭한 기류가 형성되기 시작했다.

하은 씨뿐만 아니다. 어린 시절부터 과잉보호를 받고 자란 아이는 성인이 되어서도 과도한 의존성을 보이는 경우가 흔하다. 다만 부모가 공식적 보호자인 시절에는 문제가 겉으로 드러나지 않는다. 보통은 결혼을 하며 갈등이 시작된다. 배우자가 친정보다는 '우리가 꾸린 가정의 일원'이 되기를 요구하기 때문이다. 물론 합리적인 요구다.

하지만 하은 씨처럼 타인의 조언이나 도움 없이 무언가를 스스로 결정한 적이 없는 사람이라면 갑자기 독립적인 성인이 되어야 하는 것에 어려움을 느낀다. 어떤 식으로든 보호자, 즉 엄마의 개입이 없으면 두렵고 불안하다. 내가 올바른 판단을 내릴 수 있을지 자신이 없다. 엄마는 내가 유일하게 믿고 기댈 사람이다. 그런데 어느덧 엄마의 그림자에서 벗어날 수 없게 되었다. 처음에는 그 품이 아늑했다. 그러나 부부 관계, 친구 관계 같은 다른 관계들이 엄마로 인해 흔들리는 것을 느낀다.

딸에게 독립심이 남아 있다면 이제라도 변해야 한다는 생각을 할 것이다. 그런데 막상 홀로서기를 하려니 엄마를 저버리는 것 같아 죄책감이 밀려온다.

"네가 어떻게 나한테 그럴 수가 있니?"

때때로 엄마는 이런 말로 마음을 흔들어놓는다. 하은 씨도 그랬다. 자신만 바라보고 사는 엄마에게서 벗어나고도 싶었지만 "엄마는 엄마의 인생을 살아" 같은 흔한 말도 꺼낼 수 없었다. 엄마의 인생에는 자신밖에 없다는 것을 누구보다 잘 알기 때문이다. 하은 씨는 겉으로 어른의 모습을 하고 있었지만 마음속에는 두려움에 떨고 있는 내면 아이가 있었다. 그 아이는 가보지 않은 길에 대한 원초적인 두려움으로 마비되어 성장을 거부하는 상태와도 같았다. '내가 엄마 없이 혼자서 제대로 살 수 있을까?' 자신의 독립심과 성인으로서의 역할을 엄마에게 양도한 상태였다.

독립해야 한다는 필요성을 느꼈다면 그나마 다행이다. 남편이 왜 친정 엄마에게 기분 나빠하는지 전혀 이해하지 못한다면 조금 더 심각하다. 부부 사이가 틀어졌으니 어찌하기는 해야겠는데 방법을 모른다. 남편이 고집을 버리고 엄마가 원하는 대로 해주면 편할 텐데, 남편이 이상한 소리를 한다며 불만을 품기도 한다.

만약 당신이 이런 상황에 처해 있다면 조금 더 자신의

마음을 깊이 들여다보도록 하자. 나는 무엇을 원하고 있는가? 해결의 열쇠는 내가 쥐고 있는데, 내가 변해야 할 때라는 것을 알고 있는데 회피하고 있지는 않았는가? 평생 문제를 일으키지 않는 데만 집중하면서 옳고 그름을 따지며 살아왔을 것이다. 옳고 그름의 기준은 오로지 엄마에게 맞춰져 있었다. 엄마가 하는 말은 다 맞는 말이었고, 스스로 판단해야 할 일이란 전혀 없었다. 앞으로의 남은 삶도 이와 같은 방법으로 살아갈 것인가?

성장할수록 부딪히기 마련

이제 갓 날아오르려는 아기 새를 보는 어미 새의 마음은 어떨까? 혹시라도 날갯짓을 잘못해서 떨어지지는 않을지 불안과 초조함이 생길 것이다. 그렇지만 언제까지나 둥지 속에서 어미가 물어다준 먹이만 먹으며 살 수는 없다. 결국 멋지게 날아오를 것이라는 믿음을 주고 스스로 날 수 있게 하는 것이 건강한 모녀관계에서 엄마가 해야 할 역할이다.

그러나 엄마의 둥지 속에서 지나치게 오랜 시간을 보낸

끝에 스스로를 언제나 무능하고 나약한 존재로 여기게 될 수 있다. 엄마 역시 처음에는 딸을 향한 사랑에서 시작한 일이었을 것이다. '너는 나의 도움이 없으면 안 돼'라는 걱정으로 자신도 모르게 딸의 날개를 퇴화시켰다. 결국 딸은 고난을 이겨내고 좌절 후에 일어서는 법을 배우지 못하게 된다.

하은 씨 이야기로 돌아가보자. 그녀에게는 3살 된 아이가 있었다. "아이에게 어떤 삶을 주고 싶나요?"라고 물으니 이런 답이 돌아왔다.

"아이에게 자유를 주고 싶어요. 하고 싶은 것들 다 해보면서 당당하고 자신감 있게 자랐으면 좋겠어요."

사실은 하은 씨가 자신에게 바라고 있던 모습이 아닐까? 처음부터 잘하지 못하더라도 힘을 내서 도전하는 독립적인 사람. 하은 씨는 자기 자신에게 해주고 싶었던 말을 아이에게 한 것이다.

건강한 관계는 적절한 거리를 두고 자유롭게 자신의 의사를 표현할 때 이루어진다. 아이가 어릴 때는 "싫어"라는 말로 자신의 의사를 표현하고, 엄마 역시 "안 돼"라는 말을 통해 해야 할 것과 하지 말아야 할 것을 일러주면서 교감을 시작한다. 그러나 모녀의 의견이 대립했다고 해서 아이를 향한 엄마의 사랑이 변하는 것은 아니다. 내가 실수를 하더라도 엄마는 항상 그 자리에 있다는 것을 확인하는 과정에서 아이는 안도감을 느끼고 자란다. 만약 이런 과정을 경험하지 못한 채 어른이 되었다면 이제라도 그 과정을 시작해야 한다.

엄마의 엄마로 살아온 시간들

평생
부모 뒷바라지

엄마답지 못한 엄마, 아이같지 않은 아이

장성한 자식 입장에서 노년기에 접어들어 하루가 다르게 늙어가는 부모를 보는 마음은 저마다 비슷하다. 어린 시절, 한없이 크고 때로는 무섭기도 했던 엄마가 이제는 한 인간으로 보이기 시작하면서 차츰 어른이 되어간다. 그렇게 자연스러운 세월의 흐름으로 어느덧 아이처럼 연약해진 엄마가 있는가 하면, 예나 지금이나 아이 같은 엄마가 분명 있다. 아이의 성장 시기에 따른 부모의 역할에 충실하기보다는 스스로 우울과 무기력에 빠져 술에 의존하는 엄마도 있고, 대부분의 시간 동안 스스로의 상처와 아픔에만 집중하면서 자식의 고민을 돌볼 여력이 없는 엄마도 있다.

엄마답지 못한 엄마를 둔 아이에게는 어떤 일이 벌어질까? 아이 역시 아이답지 못한 모습이 된다. 엄마로부터 사랑과 보살핌을 받아야 할 나이에, 엄마를 동정하고 약한 엄마를 대신해 무언가를 해야 한다는 책임감을 느끼면서 '어른아이'가 되어간다. 얼핏 보기에 아이는 또래보다 정신적으로 성숙해보이기도 하지만 그저 어울리지 않는 옷을 입었을 뿐, 아이는 아이다. 너무 일찍 어른이 되어버리는 바람에 아이다움을 누리지 못하는 딱한 아이다.

어른아이로 살아온 시간들

30대 후반에 접어든 여성이 있었다. 남자친구와 연애한지 2년이 된 시점이었고 결혼을 고민하고 있었다. 그녀에게는 30년째 우울과 무기력에 빠져 있는 엄마가 있다. 어린 시절 아빠와 이혼한 뒤로 엄마에 관한 기억이라고는 술을 마시며 신세한탄을 하던 모습이 전부였다. 그녀는 자라면서 줄곧 그런 엄마를 위로하고 돌보는 역할을 맡아왔다. 위로 오빠가 하나 있기는 했지만 먼저 결혼한 뒤로는 연락이 뚝 끊어져버렸다.

"내가 결혼해서 잘살 수 있을까?"

그녀의 고민은 진심으로 그녀를 좋아해주는 남자를 만나고부터 시작됐다. 그녀는 사실 여러 번 바람을 피웠던 아빠에 대한 기억 때문에 남자를 믿지 못했고, 그녀의 엄마 역시 딸의 남자친구를 부정적으로 대했다. 엄마에 따르면 "세상 모든 남자는 언제든 바람을 피울 준비가 되어 있다고. 네 아빠도 처음에는 뭐든 다 해줄 것처럼 하다가 날 떠났다니까?"라고 했다. 이 여성은 그런 엄마의 영향을 받아 자신도 모르게 남자친구를 의심하면서 결혼을 망설이고 있었다.

그녀를 결정적으로 혼란에 빠뜨린 것은 엄마가 자살 시도를 했을 때였다. 엄마는 남자친구를 만나고부터 내 딸이 예전 같지 않다며 며칠씩 말도 하지 않는가 하면 버려질 것 같은 불안감으로 급기야는 협박성 문자를 보내기도 했다.

'엄마만 없으면 넌 행복해질 거야. 미안하다.'

그녀가 놀라서 집으로 달려가니 엄마는 정말로 약을 먹고 쓰러져 있었다. 응급실에 실려간 엄마는 다행히 목숨에 지장 없는 상태였지만, 결국 자책하며 엄마에게 용서를 비는 한편으로 남자친구와도 헤어지겠다고 엄마를 안심시키는 수밖에 없었다.

그녀의 고민은 이상한 양자택일의 문제로 변질되어 있었다. 남자친구와 결혼을 하면 엄마를 저버리는 셈이 되고, 엄마의 곁에 머물게 되면 남자친구의 자리가 없었다. 그러나 어린 시절부터 한 번도 아이다운 아이로서 누군가에게 의지해본 적 없었던 미진 씨에게 아낌없는 사랑을 주는 남자친구는 더없는 위안이었다. 그렇다고 엄마를 포기할 수도 없었다.

이 사연을 듣고 나서 어떤 생각이 드는가? 가만히 생각해보면 고민의 중심에는 그녀 자신이 없다. 엄마도, 남자친구도 결국 자신이 행복하기 위해 만나는 존재인데 본인의 마음은 고려 대상이 아니다. 어른아이로 자라느라 삶의 중심을 자기 자신에게 맞추지 못한 채 늘 약하고 아픈 엄마의 기준에서 살아왔기 때문이다. 이런 딸들에게 필요한 것은 이제라도 아이가 되어 마음껏 울 수 있는 시간이다.

"우리 엄마는 기댈 사람이 필요해요"

폭력적인 아빠 밑에서 성장한 지영 씨는 자라면서 항상 엄마로부터 이런 말을 들었다.

"너 때문에 참고 산다."

"네가 맞을까봐 엄마가 대신 맞아주는 거야."

집은 언제나 답답하고 숨막히는 공간이었고, 지영 씨는 탈출이라도 하듯 스물세 살에 결혼했다. 그리고 아빠를 혼자 감당해야 할 엄마가 걱정되어 갖은 설득 끝에 소송을 치르가며 엄마를 이혼시켰다. 이혼 위자료로 작은 방을 구한 엄마에게 지영 씨가 물었다.

"엄마, 아빠한테서 벗어나니까 좋지? 이제 편하게 살자."

그런데 어쩐 일인지 지영 씨의 엄마는 전혀 편안해보이지 않았다. 불안한 마음으로 안절부절 못하는 엄마에게 정신과 상담까지 받아보도록 했지만, 이미 너무 오랫동안 폭력에 노출되어 있었기에 몸과 마음이 상해 있었고 의존적인 마음과 만성 불안을 쉽게 떨치지 못했다. 홀로 잠을 청하는 것도 힘들어하는 바람에 지영 씨는 남편에게 이런 저런 이유를 둘러대며 엄마 집에서 며칠씩 지내기도 했다. 그 와중에 까다로운 시댁을 둔 지영 씨는 행여라도 흠이 잡힐까봐 아빠의 폭력과 엄마의 이혼 등을 남편에게 제대로 말하지도 못했다.

지영 씨 같은 엄마를 둔 딸들은 이렇게 말한다.

"친구들은 결혼해서도 엄마 덕을 보던데, 저는 아무것도 바라지 않아요. 그냥 엄마가 엄마 생활만 좀 건사하셔도 좋겠어요."

결혼과 출산을 거치며 '나의 가정'을 꾸리려면 많은 에너지가 필요하다. 아이를 돌보고 양가 경조사를 챙기는 것만 해도 정신이 없는데, 지영 씨처럼 독립에 어려움을 겪는 엄마까지 신경을 쓰려면 너무나 버겁다. 아직 준비가 되지 않은 엄마를 괜히 이혼을 시켰나 하고 후회하는 경우도 있다.

돈만 가지고 생기는 문제가 아니다

딸이라고 엄마의 홀로서기를 미리 고민해보지 않은 것은 아니다. 엄마는 평생 경제활동을 해오지 않으셨다. 모아둔 돈도 없다. 그러니 엄마의 노후를 내가 책임져야 한다는 사실을 현실로 받아들인지 오래다. 그런데 엄마가 이렇게까지 나에게만 매달리실 줄은 몰랐다. 딸들은 이런 말을 한다.

"돈을 벌기 시작한 이후로 엄마에게 매달 80만 원씩 드리고 있어요. 그런데 이번달은 60으로 줄였으면 좋겠다고 했죠. 가게 매출이 안 나와서 저도 죽을 맛이었거든요. 그런데 엄마가 '그럼 나는 어떻게 사니?'라고 하셨어요. 저는 말이라도 '그래, 알바라도 좀 알아볼게'라고 해주시기를 바랐는데요."

"엄마에게 인간관계가 저밖에 없는 것 같아서 친구를 좀 만나보시라고 했어요. 그런데 엄마는 싫대요. 남들하고 놀러다니는 성격이 아니라고요. 그래놓고 엄마는 심심하실 때마다 저를 붙잡고 시시콜콜한 수다를 원하세요."

"한 번은 엄마와 살짝 다퉜어요. 그랬더니 이렇게 말씀하시네요. '네 아빠도 늙어서 성격 많이 죽었었는데, 다 너 때문에 이혼한 거야.' 차라리 맞고 사는 엄마를 모른 척 했어야 할까요? 제가 잘못된 길로 엄마를 이끈 것일까요?"

이쯤 되면 아무리 효녀라도 별 수 없다. 엄마가 내 어깨 위에 올라가 더없이 무거운 짐이 되고 있음을 느끼게 된다. 전형적인 어른아이로서 평생을 살아가는 딸들의 희생을 엄마는 알아주지 않는다. 어른아이는 보호의 주체와 객체가 뒤바뀐 역할을 강요받았음에도 불구하고 주위로부터 어른스럽고 책임감 있다는 칭찬을 받는다. 그래서 결국에는 스스로 매번 어깨에 무거운 짐을 짊어진다. 다른 이들을 도우며 용기를 주는 일에 헌신한다. 자신의 꿈과 자신의 기쁨을 키워나가는 법을 배우지 못했기 때문에 타인을 돌보고 희생하는 역할이 자신의 행복이라는 굴절된 인식을 가지고 있다. 게다가 주변에서 '큰딸은 살림 밑천'이라는 식으로 분위기를 잡아가면 마치 친정을 위해 희생하는 것이 당연한 듯 느껴지기도 한다. 착하고 성격 좋고 여성스럽다는 칭찬이 나 자신의 행복을 조금씩 마비시켜온 것이다.

나를 향한 희생이
부담스러울 때

일방적으로 주는 관계

어느 날 30대 여성으로부터 하소연을 들었다. 엄마가 마음에 들지 않는 행동을 하신다는 것이었다. 며칠 전에는 딸을 주겠다며 백화점에서 비싼 패딩을 사오셨단다. 그런데 선물을 받은 딸은 하나도 기쁘지 않았다.

"엄마, 내가 언제 옷 사달라고 했어? 나 옷 많다니까…."

"그래도 너 이렇게 두툼한 거 없잖아."

"이게 얼마짜리인지 알고 산 거야? 미쳤어!"

"엄마도 돈 있어."

"그럼 엄마 거나 사든지!"

엄마는 평소 짜장면 시키는 것도 아까워하는 분이다. 하루 세 끼 맨밥에 김치만으로 때우고, 정말 좋은 일이 있으면 돼지고기나 반근 사는 성격이었다. 게다가 본인 옷은 얼마나 헤졌는지 농담 삼아 "이런 옷은 길거리에 사는 거지도 안 입는다"고 할 수준이었다.

엄마는 초등학교만 졸업하고 평생을 일로 보냈다. 어릴 때는 남의 옷가게에서 숙식을 해결하며 잡일을 거들었고 커서는 쥐꼬리만한 월급을 받는 대신 봉제 기술을 배웠다고 했다. 그러다 세탁 일을 하던 아버지를 만나 결혼했고, 두 분은 아끼고 아껴서 딸 둘을 길렀다.

십여 년 전, 엄마는 평생 소원이던 수선집을 열었다. 그렇게 바라던 내 가게였다. 엄마의 실력이 통했는지 단골이 꽤 생겼고 매상도 탄탄했다. 하지만 없이 살던 엄마의 습관은 여전했다. 버스비가 아까워서 한 시간을 걸어다녔고, 아무리 아파도 병원을 가는 일이 없었다. 자식들이 "그만 고생하시고 아버지랑 해외 여행이라도 다녀오세요"라고 했지만 펄쩍 뛰며 난색을 표하셨다. 엄마는 마치 고생하기 위해 태어난 사람 같았다.

이런 엄마에게 유일한 사치거리가 하나 있다면 두 딸이었다. 딸들에게 먹이고 입히는 것은 전혀 아깝지 않은 듯했고 자녀들이 모두 결혼해서 독립한 후에도 여전했다. 하루는 둘째 딸이 친정에 방문했을 때였다. 엄마가 게장에 조기에 비싼 음식을 잔뜩 차려주셨다고 한다.

"엄마, 무슨 음식을 이렇게 많이 했어?"

"뭐가 많다고 그래. 어서 먹어라. 식는다."

"나만 주지 말고 엄마도 같이 드셔야지."

"엄마는 점심을 늦게 먹었더니 배가 부르네."

그날 엄마는 밥 반 공기에 무 조각 몇 개만 드셨다. 딸 입장에서는 진수성찬을 혼자 먹으려니 마음이 편치 않았다. 엄마가 항상 장아찌나 매운 고추 몇 개에 식사하시던 모습이 떠올랐다. 그날 모녀는 '엄마도 제발 드셔라' '너 오기 전에 먹었다니까 왜 그러냐'면서 이상한 기싸움을 벌였다.

'못된 년'으로 살기에는 마음이 무거운 딸

부모가 자식을 위해주면 자식은 좋아해야 할 것 같지만, 꼭 그렇지는 않다. 자식도 나이를 먹으면서 세상에 눈을 뜬다. 집안 형편이 어떤지, 부모가 무슨 일로 돈을 버는지 깨닫게 된다. 엄마의 희생은 감사하지만 한편으로는 부담스럽다. 언제인가는 갚아야 할 빚으로 느껴지고, 받아먹기만 하는 내가 '못된 년'이 되는 것 같아 마음이 무겁다.

상담실에서 어떤 가정을 만났다. 그 댁 어머니는 자녀에게 최상의 교육 환경을 제공하기 위해서 노래방 도우미로 아르바이트를 하기 시작했다고 고백했다. 자기 남편 역시 그 사실을 알고 있지만 교육비가 워낙 많이 든다는 것을 알기에 모른 척하고 산다고 했다. 어머니에게 몇 가지 질문을 했다.

"나중에 아이가 이 사실을 알게 되면 어떻게 생각할까요?"

"엄마가 이렇게까지 희생하기를 아이가 바라고 있을까요?"

"무리해서 교육을 시키는 이유가 정말 아이를 위한 것

인가요? 혹시 어머니 본인의 욕심은 아닌가요?"

비슷한 사례를 몇 가지 이야기해드리며 자녀가 성장한 후에 엄마를 되돌아볼 때 어떤 감정을 가지게 되는지 들려주었다. 한참을 듣던 어머니는 "제가 생각을 바꿔야 할 것 같네요"라고 말했다.

영원히 철들지 않는 공주님

무한히 희생하려는 부모 밑에서 성장했어도 자녀가 최소한의 독립심을 가지고 있다면 '엄마와 나의 관계는 뭔가 이상하다'는 느낌을 받을 것이다. 그런데 때로는 자녀가 영원히 철들지 않고 어린 아이로 남아버리기도 한다. 이 경우에 모녀 사이에서는 갈등이 일어나지 않는다. 엄마는 일방적으로 주고, 딸은 일방적으로 받기만 하면 되기 때문이다. 하지만 딸이 엄마 품을 벗어나게 되는 순간, 문제가 드러난다.

수십 년 전만 해도 한국에서 부모란 대체로 먹고사는 문제만 해결해주면 부모로서의 역할을 다했다고 말할 수 있었다. 여유 있는 가정에서 자라는 자녀들이야 공부를 하거나 문화 생활을 했지만, 보통은 밥만 굶지 않아도 감사한 시대였기 때문이다. 그러다 보니 자아실현이라는 거창한 목표는 버리고 일찍부터 생활 전선에 뛰어드는 10대가 많았다. 우리의 엄마들은 너무 일찍 어른이 된 것이다.

그렇게 젊음도 청춘도 지나가고 어느덧 나를 꼭 닮은 것처럼 보이는 딸을 마주하는 엄마의 마음에는 '내 딸에게만은 내가 느낀 아픔을 겪게 하지 않겠다'는 소망이 싹튼다. 좋은 옷을 입히고 귀한 음식을 먹이며 금이야 옥이야 딸에게 정성을 쏟는다. 딸이 행복해지기를 바라는 마음은 결코 나쁜 것이 아니다. 하지만 딸을 독립된 인격체가 아니라 자신의 못 다 이룬 꿈을 대신 이루어주는 대리인으로 생각하는 경우 엄마의 관심은 딸이 스스로 자신의 앞가림을 해나가는 자연스러운 성숙의 과정을 가로막을 수 있다. 너무 일찍 어른이 된 엄마의 딸들은 그렇게 너무 늦게까지 아이로 남는다.

이런 엄마를 둔 딸은 자라면서 무언가를 스스로 결정한 적이 별로 없다. 어떤 학원을 다닐지, 어떤 친구와 놀아야

하는지부터 시작해서 크고 작은 문제들을 해결해주던 사람
은 늘 엄마였다. 엄마는 자신을 희생해서 나를 입히고, 먹
이고, 가르쳤고, 대신 나는 엄마에게 기쁨을 주어야 했다.

　수영 씨 역시 엄마를 버겁고 부담스러워하는 딸이다. 초
등학교 1학년 때, 체육시간에 달리기를 하다 쓰러진 그녀
는 학교에 달려온 엄마에게 업혀 병원을 가는 길에 느낀 따
뜻한 등의 온기를 지금도 잊을 수가 없다. 아플 때 엄마는
정말 포근한 보호막 같았다. 그 후로도 수영 씨는 자주 아
팠다. 배가 아팠고, 머리가 아팠고, 어지러웠으나 병원에
가서 검사를 받으면 특별한 병명을 찾지도 못했다. 성인이
되어서까지 수영 씨는 힘들거나 피하고 싶은 일이 생기면
몸이 먼저 아프기 시작한다. 병원에서는 스트레스성이라
고만 했다.

　연애와 결혼은 수영 씨가 엄마로부터 독립해 홀로설 수
있음을 보여주는 사건 같았다. 그러나 연애 3개월 만에 아
이가 생겨 서둘러 결혼을 하게 된 수영 씨에게 엄마의 입김
은 여전히 강력했다. 엄마는 수영 씨를 고생시키는 것만 같
은 사위를 못마땅해 했으나 딸의 인생이 어려움에 처하는
것은 두고 볼 수 없었다. 결국 수영 씨의 남편은 장모님으

로부터 전세자금이며 사업자금 등을 지원받는 대신 주말, 휴일, 평일 할 것 없이 수영 씨와 함께 장모님 댁에 방문해 여기저기 여행을 모시고 다니며 비위를 맞추고는 했다.

그것도 하루 이틀이지 시간이 지날수록 수영 씨의 남편은 "장모님은 딸밖에 모른다"며 불만이 쌓였고, 점점 지쳐 가기 시작했다. 결국 수영 씨의 남편은 어느 날 "이전처럼 자주 처가에 가지 않겠어"라는 선언을 하기에 이르렀다.

수영 씨는 어떤 마음이었을까. 사실 엄마는 신혼 초부터 남편에게 불만이 많았다. 수영 씨는 남편의 고충보다도 엄마의 말을 제대로 듣지 않아 잘못된 선택을 했을지도 모른다는 생각에 사로잡혔다. 처음으로 엄마의 말을 듣지 않고 감행한 결혼이었는데, 역시 엄마의 말을 들었어야 했나 싶었다. 수영 씨는 자신과 남편 사이에서 참견을 하는 엄마의 모습을 '자신을 사랑하기 때문에 하는 일'이라고 생각해 아무런 문제의식을 느끼지 못했고, 결국 남편과의 관계는 점점 더 소원해졌다.

피아노, 바이올린, 첼로, 유학까지

게다가 수영 씨에게는 또 다른 문제가 있었다. 평생 엄마의 지원을 받는 것이 당연했기에 소비 습관이 잘못 형성된 것이다. 학생 시절 그녀는 비싼 패밀리 레스토랑에서 밥을 먹었고, 백화점에서 파는 브랜드 옷을 입었다. 친구들 사이에서는 부잣집 딸이라는 소문이 돌았다. 지금의 남편을 만나 데이트할 때도 수영 씨의 소비 수준은 여전했다. 남편은 수영 씨의 지출 규모가 어느 정도인지 정확히 파악하지 못한 상태로 결혼했다.

그러던 어느 날 일이 터졌다. 전세 계약이 만료되며 이사를 가게 되었고, 두 사람이 각각 대출을 알아보던 중 남편이 수영 씨의 경제 상황을 알게 된 것이다. 수영 씨는 엄마의 지원 외에도 은행에서 대출을 받아 생활비로 쓰고 있었다. 1금융권이 막히자 2금융권으로, 2금융권에서 급기야는 사채까지 손을 댄 상태였다. 부부 관계는 극도로 악화되었다. 결국 결혼 2년만에 두 사람은 이혼했다. 수영 씨는 위자료도 받지 못하고 1억에 달하는 사채 빚을 지고서 혼자가 되었다.

"엄마는 저를 키우면서 피아노, 바이올린, 첼로 등 안 가르친 게 없었어요. 과외도 줄곧 받았죠. 잠깐이지만 해외 유학도 갔었고요. 부족한 것 없이 자랐는데 제 인생이 왜 이렇게 됐는지 모르겠어요."

수영 씨는 엄마로부터 기대와 지원을 받으면서도 엄마의 그늘이 답답했다. 엄마는 늘 걱정을 하고 불안에 사로잡혀 있었으며, 그럴수록 수영 씨는 엄마를 만족시키는 딸이 되기 위해 엄마의 눈치를 살피고 엄마의 의사대로 하지 않으면 불안해지는 등 엄마의 아바타로서 살아왔다. 나를 찾아와서도 수영 씨는 엄마가 결혼을 하지 말라고 했을 때 말았어야 했다며 후회했다. 수영 씨가 자신의 꿈을 명확히 인식하고 어린 시절부터 스스로 원해서 무언가를 하는 연습을 조금이라도 했다면 어땠을까.

10분마다 울리는 지겨운 전화

사랑을 넘어선
집착

연예기획사 매니저 같은 엄마

모든 집착에는 이유가 있다. 딸에게 집착하는 엄마들은 대체로 어린 시절 부모와의 정서적 유대감이 손상된 경우가 많다. 무관심, 방치 등을 경험하면서 정서적 돌봄을 받지 못하거나 학대를 당한 경우에도 그럴 수 있다.

'내 딸은 내 전부야. 나의 행복은 우리 딸에게 달려 있고, 나만큼 내 딸을 사랑하는 사람은 없어.'

엄마의 집착은 어린 시절에는 사실 잘 눈에 띄게 드러나지 않는다. 부모가 일반적으로 자녀에게 느끼는 친밀함의 범주에 가려지기 때문이다. 그러나 딸이 커갈수록 딸에게 개인적인 삶을 허락하지 않고 경계 없이 딸의 삶에 드나드는 모습이 자주 관찰된다. 심지어 20대 대학생 딸의 일거수일투족을 간섭하기도 한다.

"오늘 날씨가 춥다. 옷은 이거 입어라."

(초등학생만 되어도 자기가 코디할 수 있다.)

"이번 주말에 피부과 예약해뒀어."

(딸의 일정을 엄마가 혼자 정한다.)

옆에서 보면 엄마가 딸을 데리고 '캐릭터 키우기 게임'이라도 하는 듯 보인다. 엄마가 딸 체중도 관리해주고, 진로도 결정해주는 모습을 보면 연예기획사나 매니저 같기도 하다.

지긋지긋하지만 끊을 수 없는 인연

행여나 엄마의 결혼생활이 불행해 사별이나 이혼을 겪은 경우라면 집착은 더욱 심해진다. 딸은 자신의 외로움을 달래주는 존재였는데, 결혼해서 곁을 떠나면 엄마가 배우자 역할까지 하려고 들거나 부부의 고유한 관계를 방해하려 든다.

"우리 사이에 비밀은 없어야 돼. 이게 다 널 사랑해서야!"

딸은 그러면서 자신의 의사 표현을 솔직하게 하지 못하도록 정서적 억압을 통해 교육된다. 자신의 생각을 솔직히 표현하면 엄마는 바로 절망에 빠지기 때문이다.

'엄마한테 잘해야 되는데, 왜 그런 말을 해서 상황을 악화시켰을까? 그냥 내가 참을 걸.'

딸은 점점 억압의 알고리즘에 갇혀 말수가 줄어든다. 이런 관계는 엄마와 딸이 함께 늙어가는 나이가 되어서도 개선되지 않는다.

65세 엄마를 둔 여금 씨는 올해 마흔이 되었다. 여금 씨는 생각해보면 지난 40년간 엄마에게 시달린 기억밖에 없다. 지금도 여금 씨의 엄마는 여금 씨가 전화를 받을 때까지 하루에 50번 이상 전화를 건다. 쌀이나 반찬이 떨어졌거나, 병원에 가야 한다는 이유에서이다. 그런데 엄마는 노환이 왔다고 쳐도 여금 씨의 몸도 사실 성한 데가 없이 수시로 아프다. 근육통, 두통, 소화불량을 달고 살고 있다. 여금 씨가 조금이라도 소홀한 기색이 보이면 여금 씨의 엄마는 불만 섞인 말들을 늘어놓는다.

"너는 딸이 돼서 엄마를 그렇게밖에 생각 안 하니? 내가 살아서 뭐하겠어. 하나밖에 없는 딸도 나를 무시하는데…."

여금 씨에게는 초등학교 5학년 딸과 3학년 아들이 있다. 한창 남편과 아이들 뒷바라지를 해야 할 시기이지만 엄마를 신경 쓰느라 제대로 가정에 집중할 여력이 없다. 그러나 여금 씨는 어릴 때부터 괄괄한 엄마가 창피했기에 남편에게조차 엄마로부터 받는 스트레스를 제대로 말하지 못했다. 아이들은 학교를 마치면 알아서 햄버거를 사 먹거나 얌전히 집에서 지낸다. 여금 씨는 엄마가 입원해 간병을 하기 시작하면서부터는 간신히 아이들에게 용돈만 줄 수 있을 뿐 제대로 된 보살핌을 베풀지 못했다.

여금 씨의 엄마는 심지어 여금 씨의 아빠가 돌아가시기

전 병원에 입원을 했을 때 여금 씨가 아빠만 너무 챙긴다는 식으로 질투를 하기까지 했다. 결국 아빠가 돌아가신 뒤에 여금 씨는 엄마에 대한 그간의 감정이 쌓일 대로 쌓여 정신과 상담을 받기도 했다. 한 달 만에 10킬로그램이 넘게 빠졌다. 어렸을 때부터 엄마의 왜곡된 사랑이 여금 씨의 몸뿐만 아니라 마음까지 옥죄고 있었다.

기울어진 무게중심

여금 씨의 두 자녀들은 힘들어하는 여금 씨를 보면서 행여라도 엄마가 더 힘들까봐 제대로 말썽을 부리지도, 힘든 내색도 하지 못했다. 이런 아이들을 떠올리며 그녀는 눈물을 흘렸다.

"기특한 아이들이죠. 그런데 애들도 마냥 괜찮지만은 않았던 모양이에요."

여금 씨의 아이들은 한창 보살핌을 받을 나이에 엄마로부터 충분한 정서적 지지와 공감을 받을 여유가 없었다. 그래서 엄마 앞에서는 멀쩡한 척했지만 사실 학교에서는 대

인기피증과 불안에 시달리고 있었다. 아이들의 상태는 여금 씨의 상태와 확실히 닮아 있었다. 여금 씨에게 물었다.

"아이들이 나처럼 산다면 어떤 기분이 드세요?"

여금 씨는 엄마가 자신에게 그랬던 것처럼 두 아이를 압박하거나 많은 것들을 강요하지 않았기 때문에 아이들이 상처를 받지 않을 것이라고 생각해왔다. 그러나 엄마와는 다른 방식이었지만 자기 자신도 역시 아이들에게 정서적 불안감을 반복적으로 심어주면서 비슷한 강도의 아픔과 상처를 주고 있었다는 사실을 알았을 때 충격에 빠진 것 같았다.

"제가 무슨 짓을 한 걸까요?"

여금 씨는 자신의 아이들만큼은 자신처럼 살게 하고 싶지 않다며 한참을 목놓아 울었다. 여금 씨의 어린 시절은 온통 '엄마가 나를 필요로 하고 엄마가 힘들어하니까…'라는 생각뿐이었다. 그러다 보니 결혼을 하고 자녀를 낳고 나서도 엄마의 집착을 자연스러운 흐름으로 받아들이면서 자신도 모르게 무게 중심을 자녀와 남편이 아니라 엄마에게 두고 있었던 것이다.

여금 씨는 그래도 설거지에 빨래에, 엄마의 기분을 살피는 정도에 그쳤는데 여금 씨의 아이들은 엄마가 할머니 때문에 힘들어하다가 죽을까봐 무서워하면서 정서 불안과 우울증으로 학교 생활에 지장까지 생기고 말았다. 갈등이 악순환되면서 정서적 학대가 대물림되고 만 것이다.

남녀 사이의 집착은 스토킹이듯

요즘 사회적 이슈로 떠오른 문제가 있다. 남녀 사이의 스토킹이다. 예전에는 스토킹을 범죄라고 인식하지 못했다. 상대를 너무 사랑해서 하는 행동이라고 생각했다. 열 번 찍어 안 넘어가는 나무 없다는 말처럼 자신의 마음을 거절한 상대를 끈질기게 쫓아다니는 행동은 로맨틱한 일로 포장되었다. 심지어 피해자가 가해자를 두둔하기도 했다.

후배 남성에게 스토킹을 당하는 여학생이 있었다. 남학생이 여학생 집 근처에서 배회하고, 주변 사람들에게 "우리 사실 사귀는 사이야"라고 거짓말을 했다. 심지어 여학생의 자취방에 침입해 물건을 몰래 훔친 후 소지하고 다니기도 했다. 옆에서 보기에는 명백한 범죄였다. 그런데 이 여학생은 마음이 여렸고 나이도 어렸기 때문에 잘 대처하지 못했다. 처음에는 "걔가 나를 너무 좋아해서 그러나봐"라며 대수롭지 않게 여겼고, 나중에는 "너 주변에 거짓말하고 다녔니? 왜 그랬어?"라며 말로 타일렀다. 얼마 후 남학생이 강제로 여학생의 손목을 붙잡고 몇 시간 동안 거리를 끌고 다닌 사건이 있고 나서야 여학생은 심각성을 깨닫고 경찰에 신고했다.

엄마와 딸의 관계도 마찬가지다. 남녀 사이의 집착이 스토킹이듯, 모녀 사이의 집착도 결코 사랑이 아니다. 엄마의 삐뚤어진 사랑 속에서 딸은 하루하루 앓고 있다. 그런데도 집착을 모정이나 모성애와 혼동해서 잘못된 관계라는 생각을 하지 못할 수 있다.

돈 있을 때는 아들 찾고, 힘들 때는 딸 찾고

편애가 만든 서운한 감정

'나를 사랑해주세요'

가족이라는 이름으로 모였지만 우리는 각자 다른 세상을 만나고 살아간다. 저마다 가지고 있는 행복의 기준도 다르다. 가만히 있는 꽃도 누군가에게는 예뻐 보일 수 있고, 어떤 이에게는 그냥 별로일 수 있다. 무언가에 대한 평가는 주관적일 수밖에 없다.

이는 자식을 대하는 엄마라고 해도 예외가 아니다. 물론 엄마 입장에서는 모든 자식을 기계적으로 똑같이 대할 수 없을 것이다. 엄마의 편애에는 나름의 이유가 있다. 그러나 어린 시절에는 엄마라는 존재가 세상을 마주하는 가장 큰 통로다. 엄마의 편애를 받으며 자란 딸은 자신이 왜 사랑받지 못하는지 그 이유를 찾는 한편으로 더 나은 모습이 되어 칭찬을 받기 위해 노력한다.

대개 편애나 차별은 자식의 일방적인 노력만으로 해결되지 않는다. 결국 엄마의 편애 속에서 자란 딸은 타인보다 나아지려는 마음의 울타리 속에 갇히고 스스로에 대해 만족하지 못하는 불안의 감옥 속에 갇힌다. 자신의 고유성을 인정받지 못한 채로 타인의 감정과 상태를 살피기에 급급하면서 살아간다.

깨물어도 안 아픈 손가락으로 산다는 것

화숙 씨의 엄마는 첫째 언니에게 유독 관심과 사랑을 퍼

부었다. 딸 셋에 아들 하나로 4남매나 있었지만 엄마의 지원을 받고 기대를 받는 쪽은 언제나 큰언니였다. 그런 언니가 부러워 화숙 씨는 자신도 언니처럼 과외를 받고 피아노를 배우고 싶다고 했지만 엄마는 들은 척도 하지 않았다. 그러자 화숙 씨에게는 서운함과 함께 오기가 생겼다. 첫째 언니는 교대에 들어가 교사 일을 하다가 곧 적성에 맞지 않는다며 그만두었다. 하지만 화숙 씨는 지금까지 경제활동을 하며 열심히 살고 있다. 과연 화숙 씨는 언니에 비해 성공한 것일까?

편애를 받으며 성장한 화숙 씨는 자존감이 낮다. 자라면서 항상 언니와 자신을 비교하면서 엄마의 편애에 대한 이유를 찾으려고 했기 때문이다. 그 결과 자신은 언니보다 예쁘지 않고 머리도 좋지 않으며, 투자할 가치가 없다는 생각이 뿌리 깊이 박혔다. 화숙 씨는 엄마 탓을 하다가도 분노의 화살을 스스로에게 돌려 자신의 가치를 의심했고 그런 습관이 내면화되었다. 그런데 한 가지 특기할 만한 점은 화숙 씨의 엄마 역시 편애를 받은 당사자였다는 사실이었다.

화숙 씨의 엄마는 장녀로 태어나 남동생에게만 관심을 쏟는 부모 밑에서 자랐다. 초등학교만 간신히 졸업한 엄마는 일찍부터 공장에 다니며 생활비를 보태야 했다. 힘든 생활 끝에 얼른 집에서 탈출하고 싶었던 엄마는 다른 이들보다 일찍 결혼을 해서 딸을 낳았고, 첫째라서 제대로 된 지원을 받지 못하고 희생만 강요받았던 자기 자신에게 보상이라도 하듯 큰딸에게 모든 애정을 쏟아부었다. 그러면서 이후에 태어난 다른 자녀의 마음은 제대로 인식하지 못했다. 화숙 씨는 그런 엄마를 이해하기 위해 노력해봤으나 50살이 넘어서까지 언니만 감싸고 도는 엄마에 대한 부정적인 마음을 누르기 힘들어했다.

"한 번이라도 '네가 자랑스럽고 대단하다'는 말을 듣고 싶었어요. 첫째 언니에게뿐만이 아니라 저에게 그런 말씀 한마디만 해주셨다면 이렇게 서럽지 않았을 거예요."

화숙 씨는 언니보다 더 많은 돈을 벌고 있었고, 언니에 비해 여유로운 생활을 하고 있었지만 그에 상응하는 행복은 누리지 못하고 있었다. 엄마는 화숙 씨의 성공을 칭찬해주기는커녕 오히려 언니 걱정만 했다.

"네 언니가 운이 없어서 그렇지, 참 열심히 사는데 말이야…."

"너라도 언니를 챙겨야 한다. 언니를 항상 아껴야 해."

엄마의 칭찬에 목을 매는 나이가 지났지만 화숙 씨는 마음 한편에 채워질 수 없는 갈증을 늘상 느끼며 살고 있었다.

"오빠는 집 사주고, 나는?"

편애는 특히 아들인 자식과 딸인 자식 사이에서 아들을 특히 예뻐하는 엄마의 모습으로 나타나는 경우가 많다. 경자 씨 역시 그랬다. 경자 씨에게는 첫째인 아들과 둘째인 딸이 있었는데 그중 아들을 유별나게 좋아했다. 아들에게는 애정 어린 스킨십과 친근한 말투로 대하면서 딸에게는 자신도 모르게 말투가 강해진다. 그런 딸도 경자 씨를 잘 따르지 않는다. 학교에서는 제법 인기가 많다는 딸이 집에서는 좀처럼 말이 없다. 그럴수록 경자 씨는 아들보다 애교가 없고 날이 갈수록 뚱뚱해지는 딸을 예뻐하기가 어렵다.

물론 경자 씨의 어린 시절 역시 만만치 않았다. 아들인 오빠를 더 예뻐하는 부모님은 대학원 박사과정을 밟을 때까지 지원해준 것도 모자라, 오빠가 결혼할 때 집과 차를 사주기도 했다. 그러나 경자 씨에게는 국물도 없었다. 경자 씨 남편의 회사가 부도가 났을 때도 친정에서는 경자 씨 부부의 고통을 외면했다.

그런데 여기서 경자 씨의 대응이 인상적이었다. 경자 씨는 아들만 중시하는 현실을 '원래 그런 거야'라고 생각하면서 받아들였다. 워낙 어린 시절부터 당해온 차별과 편애 속에서 문제의식을 갖고 그것에 대해 부당하다는 마음을 갖는 감각마저 둔해진 것이다. 그래서 경자 씨는 자신이 자식을 낳았을 때도 첫째 아들을 더 예뻐하는 방식으로 자신의 딸에게 똑같은 상처를 주고 있었다. 스스로 아들을 중시하는 문화에 젖어 있었고, 상처를 받은 적이 없다는 식으로 살아왔기에 그런 자신의 행동에 자신의 딸이 그대로 노출되어 상처를 받고 있다는 것도 모르고 있었다. 그저 딸이 미운 짓을 하니 그럴 수밖에 없다는 생각으로 스스로를 합리화하기도 했다.

그러는 동안 경자 씨의 딸은 아주 어린 시절부터 자신이 무가치하다는 생각을 하게 됐으며, 누군가로부터 관심과 사랑을 받는 법을 제대로 배우지 못한 채로 성장했다. 경자 씨가 자라면서 고도 비만이 된 원인도 엄마로부터 얻지 못한 사랑을 먹는 것으로 채우려 했던 것이 큰 이유였다. 경자 씨의 낮은 자존감이 경자 씨의 딸에게로 그대로 전달되고 만 것이다. 딸이 결혼을 해서 아이를 낳았을 때 경자 씨의 딸은 자신이 받지 못한 사랑을 또 다시 왜곡되거나 과잉된 방식으로 드러내려 할 가능성이 높다.

이제 와서 효도하라니

서럽기는 하지만 '내 팔자려니'하고 마음을 비우고 사는데 정말이지 참을 수 없는 순간이 찾아오기도 한다. 부모가 경제적으로 어려워지자 갑자기 나에게 효도를 바라는 것이다. 악에 받쳐 엄마에게 소리를 지른다.

"돈 있을 때는 오빠한테 다 퍼주더니, 이제 와서 나한테 왜 이래?"

그러나 엄마도 지지 않고 맞받아친다.

"네 년은 못돼 처먹어서 키워준 은혜도 몰라!"

이번에는 오빠에게 전화해서 따진다.

"엄마 노후는 오빠가 책임져야 하는 거 아냐? 양심 좀 있어봐!"

　오빠도 나에게 성을 내기는 마찬가지다.

　"나만 자식이냐?"

　나는 엄마에게 돈줄, 그 이상도 이하도 아닌가 싶고 속
상하다. 이 집에서 나라는 존재는 무엇일까? 어릴 적부터
엄마에게 지겹게 들어온 '맏딸(딸 중에서 첫째)은 살림 밑천'이
라는 말이 귓속에 맴돈다. 엄마는 나를 살림 밑천으로 쓰기
위해 낳은 것일까? 회의감이 밀려온다.

맞고 자란 상처는 몸이 아닌 마음에 남는다

감정적 학대와
물리적 폭력

돌아갈 곳 없는 마음

세상에는 선의, 희생, 배려, 양보와 같은 아름다움의 증거들이 존재하는 한편으로 폭력, 전쟁, 배척, 불신 등 위협의 요소들 또한 항시 도사리고 있다. 아이들의 세계도 예외는 아니다. 어른들이 들려주는 동화 속 이야기에서 한 발자

국 벗어난 현실에는 따돌림, 질투, 시기, 비교 등 아이를 아프게 할 수 있는 부정적인 상황들이 곳곳에 감추어져 있다. 가정은 그 모든 상처로부터 아이를 치유하고 보호하고 건강을 회복하게 하는 기능을 한다. 더불어 부모, 특히 엄마는 그 어떤 순간에도 아이의 편에 서서 아이의 마음을 헤아릴 수 있는 능력이 있고 그래야 하는 책임이 있다.

그러나 세상에는 하굣길을 망설이는 아이들이 분명 존재한다. '집에 가기 싫다'는 마음으로 차라리 또래와 어울리거나 밖에서 시간을 보내는 게 마음이 편한 아이들에게 가정은 휴식과 안정의 공간이 아니다. 냉정하고 폭력적인 성향을 가진 엄마를 둔 아이들에게 집이란 한층 심화된 스트레스의 공간이며 벗어나고 싶은 굴레일 뿐이다.

자녀에게 정신적, 육체적 폭력을 가하는 엄마의 특징은 자신만의 욕구에 집착하면서 살아간다는 것이다. 또한 자신의 삶에 대한 불만족을 자녀의 탓으로 돌림으로써 자신의 교육 방식을 정당화하려 한다. 아이는 비록 미성숙한 철부지이지만, 엄마가 자신을 사랑하는 마음에서 꾸지람을 하는지, 아니면 그저 화풀이의 수단으로서 화를 내고 강압적으로 대하는지를 본능적으로 분별할 수 있다. 하지만 아직 어리기에 아무런 저항을 할 수 없으며 속수무책으로 엄마의 폭력성에 그대로 노출되고, 이때의 경험은 성장 과정에서 장기적이고 지속적으로 부정적인 영향을 행사한다. 누군가의 선의를 믿지 못하고 작은 일도 과대해석을 하면서, 언젠가는 배신을 당할 것이라는 불안을 안고 산다. 누군가를 위하고 서로를 의지하는 마음보다 세상은 오로지나 혼자 살아가는 거라는 생각이 앞선다.

세상에서 가장 잔인한 말

30대 초반의 영아 씨가 나를 찾아왔을 때는 2년을 사귄 남자친구와 이별을 한 뒤였다. 그런데 이별 사유가 심상치 않았다. 바로 영아 씨의 폭력적인 주사 때문이었던 것이다. 영아 씨는 평소에는 말이 없고 얌전한 편이지만 어느 정도 취한 상태가 되면 자신도 모르게 분노의 마음이 올라와 남자친구에게 화를 내며 거친 표현으로 상처를 입히곤 했다. 남자친구는 처음에는 그런 영아 씨를 달래보기도 하고 같이 화를 내보기도 하면서 영아 씨의 마음에 있는 분노를 어떻게든 감당해보려 했지만, 그런 일들이 반복되자 점점 무력감과 혐오감이 싹터 영아 씨에게 이별을 통보했다.

"생각해보면 어린 시절 엄마에 대한 원망이 아직 해결되지 않은 것 같아요."

영아 씨의 엄마는 자애로운 성격과는 거리가 멀었다. 5살 때 아빠와 이혼을 하고 홀로 자녀들을 키우면서 칭찬과 격려보다는 거친 말로 으름장을 놓거나 수시로 손찌검을 했다. 영아 씨를 때리지 않는 날이면 엄마는 영아 씨에게 일절 관심을 기울이지 않고 없는 사람처럼 한참을 방치하기도 했다. 언젠가 영아 씨는 엄마에게 들었던 말을 아직도 계속 간직하고 있다.

"네가 태어나지 않았으면 좋았을 텐데."

영아 씨는 자신이 엄마에게 이혼 후의 새출발을 가로막는 짐과도 같다는 사실에 깊은 상처를 받고 괴로웠다. 이처럼 매일 일을 마치고 돌아와 자신에게 폭언을 비롯한 화풀이를 하는 엄마에게 지친 영아 씨는 일찍부터 외부의 관계를 통해 안정감을 보상받으려는 마음이 싹텄다. 그래서 영아 씨는 아주 일찍부터 남자친구를 사귀었고, 헤어지면 또 다른 사람을 찾아 헤매는 식으로 연애 관계를 이어 나갔다.

다들 연애 초반에는 영아 씨를 잘 대해주고 보살펴주었지만, 시간이 지나 분노와 슬픔, 원망이 뒤섞인 영아 씨의 마음을 깊이 알아갈수록 남자친구의 태도가 변했다.

특히 영아 씨가 즐거운 분위기에서 술을 마시다가도 감정조절이 되지 않아 물건을 던지거나 누군가를 때리는 등의 폭력적인 모습을 보이면 대부분의 남자친구들이 아연실색을 하며 영아 씨를 떠나갔다. 그래서 언젠가부터 영아 씨는 남자친구와 함께 있어도 '나의 본모습을 알게 되면 곧 떠나갈 사람'이라는 생각에 외로워졌고, 그 누구와 있어도 어딘지 허전하고 불안한 마음을 지울 수가 없었다. 그런 마음은 곧 남자친구의 애정을 확인하려는 행동으로 이어졌고, 자신의 사랑을 의심하는 듯한 영아 씨를 대하는 남자친구의 마음 역시 좋을 리는 없었다.

"아직도 엄마의 그늘 속에 사는 것 같아요. 그러다 보니 어느 순간 엄마가 저에게 하던 행동들을 그대로 남자친구들에게 하고 있는 것 같아 두려워요."

영아 씨의 엄마는 나름의 이유에서 영아 씨를 돌볼 여력이 없었다고 볼 수도 있지만, 자신의 괴로움과 분노를 약자인 영아 씨에게 풀면서 해결하기 어려운 숙제를 영아 씨에

게 남기고 말았다. 영아 씨의 무의식에 폭력에 대한 익숙한
감각을 심어놓은 것이다.

폭군 같은 엄마가 남긴 후유증

아동학대에는 신체적 학대, 정서적 학대, 성적 학대, 방
임 등 네 가지 유형이 있다. 한 가지 유형의 학대에 노출된
아동은 또 다른 유형의 학대를 동시에 경험하고 있을 가능
성이 높다. 게다가 어린 시절 폭력적인 부모에게 맞고 자란
아이는 자라서 학교에 가거나 결혼을 한 후에도 폭력적인
상황을 마주할 가능성이 높다고 한다.

학대 피해 경험은 새로운 종류의 학대 피해 경험의 전조
precursor이거나 촉진제catalyst이기도 하다. 가정에서 부모에
의해 학대 피해를 경험한 아동일수록 학교에서 폭력의
피해자가 되기 쉽다. 때로는 학대 피해 경험은 고위기도
의 환경적 요인 때문에 군집되어 나타나기도 한다. 폭력
적 부모는 다수의 가족 구성원을 공격하며 아동은 가족

폭력에 노출되어 폭력을 목격하기도 하며 아동학대의
피해자가 되기도 한다.

— 한국보건사회연구원,
〈생애주기별 학대·폭력에 대한 통합적 접근과 정책대응〉, 167쪽

희정 씨도 그러했다. 그녀는 어린 시절 엄마로부터 폭력
을 당한 피해자였으나, 이제는 자녀를 때리는 가해자가 되
었다. 한 번은 초등학교에 다니는 딸이 말을 듣지 않아 순
간적으로 등짝을 후려칠 뻔했다. 사실 그동안 여러 번 참다
참다 폭발한 적이 한두 번 있었다. 신체적인 폭력은 행사하
지 않았지만 물건을 집어던지고, 욕을 하는 등의 언어 폭력
을 동반한 간접적인 폭력이 있기도 했다. 희정 씨는 그럴
때마다 어린 시절의 엄마가 떠오른다.

희정 씨의 엄마는 거의 매일 희정 씨를 때렸고, 온몸에
는 멍이 들기 일쑤였다. 폭력을 피해서 화장실로 도망을 가
면 어김없이 강제로 문을 열고 들어와 구석으로 몰아붙이
며 여기 저기 발길질을 했다. 몇 시간씩 희정 씨를 벽에 세
워놓는 체벌을 하기도 했는데, 희정 씨가 다리에 힘이 풀려
쓰러지기라도 하면 다시 일으켜 세우며 종아리를 때렸다.

결혼을 하고 아이를 낳은 지금, 희정 씨는 엄마에게서 벗어나 예전보다는 훨씬 편안해졌지만 여전히 무언가에 쫓기는 듯한 불안한 마음이 수시로 올라온다. 자신은 결코 엄마 같은 사람이 되지 말아야겠다는 마음으로 초등학교에 다니는 두 딸을 키우고 있지만 최근 들어 딸에게 폭언을 하는 일이 잦아졌다.

"네가 감히 엄마한테 말대꾸를 해? 버릇없이?"

희정 씨는 일단 화가 나서 정신을 차릴 수 없는 시기가 지나 자신이 했던 말을 돌이켜보면 스스로의 입에서 그토록 권위적이고 폭압적인 말들이 나왔다는 사실을 믿기가 어렵다.

물론 부모라고 해서 아이를 낳는 순간부터 성인군자가 되는 것은 아니다. 아이를 키운다는 것은 기쁨과 즐거움을 주기도 하지만 분노와 자괴감을 감당해야 하는 고행의 길이기도 하다. 부모는 자녀를 키우면서 극에서 극으로 치닫는 다양한 감정의 스펙트럼을 경험하게 되고, 때로는 중심을 잡을 수 없을 만큼의 화가 나기도 하는데, 이 자체가 비정상적인 마음은 아니다. 하지만 희정 씨는 화가 나는 상황에서 스스로를 어떻게 다스려야 하는지를 제대로 배울 수 있는 기회가 없었다. 희정 씨가 배운 것은 위협하고, 강제적인 폭력을 행사하는 방법뿐이었다. 희정 씨의 암울했던 시절에 대한 기억은 흐려지고 지워진 듯 보였지만 여전히 희정 씨에게, 그리고 희정 씨의 두 딸들에게 폭력은 되풀이되고 있었다.

엄마는 엄마밖에 몰라

나르시시스트가
아이를 낳으면 생기는 일

관심을 독차지하려는 사람들

과거에는 '자기 자신에 대한 도취'가 성격 장애로 인식되지 않았다. '자기 중심적이다' '자만심이 가득하다' 또는 '지나치게 자존심이 강하다' 정도로 표현되었다. 그러나 현재는 정신의학적으로 '자기애성 인격장애'라는 용어가 정의 되고 있으며, 이는 '현실로부터 단절되어 정상적으로 인지하거나 행동할 수 없는 상태'로 설명된다. 즉, 보통 사람들과 다른 신경회로를 가진 것으로 보고 이를 문제적으로 인식하게 되었다.

일부 학자들은 어린 시절의 트라우마나 부모의 지나친 방임이 가짜 자아를 만들어냈을 것으로 추정했으나, 이를 반박할 만한 새로운 증거들이 제시되면서 진정한 원인에 대해서는 아직 정확히 밝혀진 바가 없다. 한 가지 확실한 것은 한 가정의 엄마라고 해서 이러한 '자기애성 인격장애'가 비껴가지는 않는다는 사실이다.

자기애성 인격장애에 빠진 엄마는 겉으로 보기에 화려하고 자유롭고 매력적이며, 자신감이 넘쳐 보인다. 그녀는 삶의 무대에서 오직 자신이 주인공이 되기를 원하지만, 내면을 들여다보면 실상은 심각할 정도로 자신감이 없고, 보이는 것에 치중하며 자존감이 부족한 상태이다. 그러다 보니 항상 외부적으로 자신의 존재감을 확인받으려 한다.

자신에게 쏟아지는 관심을 분산시키는 존재는 설사 그가 자기가 낳은 자식이라 해도 용납할 수가 없다. 어린 시절부터 특출난 재능을 가진 딸에게 관심이 집중될 때 자기

애에 빠진 엄마는 '내가 잘 키운 덕분이다'라며 딸의 성과를 자신에게 돌리기도 한다. 딸을 액세서리처럼 자신을 빛내주는 존재로 여긴다. 때로는 딸에게 자신의 꿈을 이루지 못한 책임을 떠넘기기도 한다. 딸은 그런 엄마의 곁에서 자신감과 적극성을 점차 잃어버리고, 엄마의 욕구를 더 중요하게 여기면서 엄마의 생각을 그 무엇보다 우선순위에 두어야 한다는 것을 배우게 된다.

생색만 내는 엄마

미진 씨는 교사가 되겠다는 꿈을 이루기 위해 각고의 노력을 기울인 끝에 임용고시에 합격했다. 가족들은 그간 밤낮없이 공부에 매진한 미진 씨의 합격을 축하해주기 위해 모였는데, 미진 씨에게 제대로 축하의 인사를 건네기도 전에 미진 씨의 엄마가 나섰다.

"딸 때문에 내가 잠도 못 자고 뒷바라지 하느라 얼마나 고생했는지 알아? 미진이가 안 잘 때 나도 같이 간식 챙겨주고, 아침에 깨워주고 하느라 얼마나 힘들었다고."

미진 씨는 자신도 모르게 한숨이 나온다. 사실 이런 경험이 한두 번이 아니기 때문이다. 엄마는 어렸을 때부터 미진 씨가 상을 받거나 좋은 성적을 거두면 자신의 어린 시절에 관한 무용담을 늘어놓으며 화제를 돌리곤 했다. 한마디로 자신을 닮아서 똑똑하다는 논리였다. 한번은 미진 씨가 잘못 넘어지는 바람에 발가락뼈에 금이 가서 깁스를 하게 됐는데, 엄마는 그때도 자신이 아팠던 이야기를 하며 그때 얼마나 힘들었는지에 대해서 미진 씨가 공감해주기를 바랐다.

이럴 때면 미진 씨는 정말 혼란스럽다. 아무리 노력을 해도 자신은 항상 뒷전이고 엄마가 주인공이다. 그런데 가만 보면 엄마는 진정으로 스스로를 주인공으로 생각하지 않는 것 같다. 미진 씨의 엄마로 사는 삶에 대해서 열등감을 가지고 있는 것처럼 보이기도 한다. 엄마가 사람들에게 자신의 학벌을 부풀리거나 현재 하고 있는 일에 대해서 과장해서 이야기하는 것을 몇 번 듣기도 했다.

엄마의 말대로라면 엄마는 세상 그 누구보다 당당하고 여유가 넘쳐야 한다. 그러나 미진 씨가 보기에 엄마는 항상 초조하고 불안해보인다. 그리고 미진 씨가 잘되는 것을 위협으로 느끼는 것처럼 보이기도 한다. 그래서 미진 씨는 늘 엄마의 눈치를 살피면서 조용히 티내지 않고 스스로를 감추는 습관이 들었다. 엄마보다 기뻐서도 안 되고 엄마보다 슬퍼서도 안 됐다. 무엇이든 엄마가 제일인 삶을 살아오면서 미진 씨는 엄마와의 관계에서뿐만이 아니라 사회생활을 하면서도 제대로 기를 펴지 못하는 스스로를 발견하곤 한다.

태어나지 말았어야 할 아이

화진 씨의 엄마는 화진 씨가 태어나던 해에 이혼을 했다. 그래서 화진 씨는 아빠의 얼굴도 모른다. 한부모 가정에서 자라오면서 화진 씨는 엄마에게 줄곧 이런 말들을 들었다.

"넌 왜 그렇게 아빠를 닮았니? 너 때문에 내 인생이 이렇게 됐어!"

화진 씨는 얼굴도 모르는 아빠가 바람을 피운 데 대한 엄마의 분노를 줄곧 대신 받아냈다. 엄마의 심기를 거스를

까봐 숨죽이며 살았고, 최대한 문제를 일으키지 않기 위해 노력했다. 저렴한 옷을 사줘도 군말 없이 입었고, 한부모 가족에게 지원되는 무료급식도 알아서 챙겨 먹었다. 그러나 엄마는 학부모가 참여하는 그 어떤 행사에도 오지 않았고, 엄마로서의 자신을 인정하고 싶지 않아했다. 명품 가방과 화장품을 살 때 엄마는 가장 행복해보였다. 때로는 사람들 앞에서 화진 씨를 딸이 아니라 조카라고 소개하기도 했다. 그럴 때마다 화진 씨의 마음은 무너졌다.

무기력한 투명인간

　화진 씨는 엄마로부터 벗어나기 위해 일찍 결혼을 했다. 물리적인 독립을 하면 엄마의 그늘에서 벗어날 수 있을 거라는 생각이었다. 단, 엄마처럼 욕구불만이 심하고 욕심이 많은 사람은 어쩐지 부담이 되었기에 자신처럼 어린 시절부터 큰 성취감을 느껴보지 못하고 두려움이 많은, 화진 씨와 똑 닮은 남자를 선택했다. 두 사람은 무의식적으로 서로에게 강하게 끌렸고, 서로 의지하면서 결혼생활을 시작했다. 겉으로 보기에 두 사람은 어엿한 성인으로서 독립된 삶을 살고 있는 것처럼 보였다.

그러나 화진 씨는 엄마에게서 받아보지 못한 돌봄과 사랑을 받으며 한없이 남편에게 의존했다. 살림도 제대로 돌보지 않고 반찬도 하지 않았으며 남편 뒤에 숨어서 살았다. 남편 역시 모든 게 처음이었기에 갈수록 부부의 생활비는 마이너스가 되었고 먹고살기도 어려워졌다. 희진 씨는 극도로 무기력해진 상태에서 이렇게 말했다.

"저는 줄곧 투명인간처럼 살아왔어요. 누군가에게 피해를 줄까봐 긴장하고 걱정하고… 뭐든 시작도 하기 전에 '잘 안 될 거야' 하고 포기하곤 했던 것 같아요."

화진 씨는 성인이 되어서도 엄마로부터 받은 정서적 학대의 후유증에 시달리고 있었다. 엄마에게 부정당한 기억은 타인에게도 부정당할지 모른다는 불안으로 이어졌고, 화진 씨는 성과를 내기보다는 관계에 의지해서 타인의 마음에 거슬리지 않아야 한다는 생각으로 살았다. 그러다 보니 미래에 대한 계획도 없고, 자녀를 낳을 마음도 없다. 누군가를 키운다는 것이 얼마나 짐이 되는지 알고 있기도 하고, 자식의 마음을 돌봐야 하는 상황이 마냥 두렵기 때문이다. 이처럼 화진 씨의 엄마가 자신이 받은 상처와 아픔에 집중해 있으면서, 그것을 가리기 위해 화려하게 스스로를 포장하는 동안 화진 씨는 더없이 황폐해지고 말았다.

그렇게 싫어하던 엄마를 닮아가고 있었다

상처의
대물림

끔찍하게도, 내 안에 살고 있는 엄마

하품을 하는 사람을 본 뒤에 자신도 모르게 따라서 하품을 한 경험이 있을 것이다. 무단횡단을 하는 사람을 보고 무심코 횡단보도에 들어섰다가 놀라기도 하고, 식당에 들어섰을 때 누군가 볶음밥을 먹고 있다면, 왠지 입맛이 동해

따라서 볶음밥을 시키게 되기도 한다. 우리는 본능적으로 타인의 영향을 받고 타인을 모방한다.

하물며 한 가정에서 10년, 20년을 부대끼며 같은 밥을 먹고, 같은 것을 경험하는 사이라면, 가족이라는 울타리 내에서 서로가 서로에게 미치는 영향력이란 실로 어마어마하다. 피를 나눈 사이로서 유전자를 통해 전달되는 생물학적인 공통점 외에도, 부모의 말투와 행동, 식성, 습관까지 닮는 것이 자식이라서 우리는 한심한 사람을 보면 자연스럽게 부모를 탓하기도 하고, 심성이 고운 아이를 보면 '잘났다'가 아니라 '(부모가) 잘 키웠다'는 말을 한다.

부모와 자식 간의 관계에서 부모의 모든 행동은 그것이 옳은 방향이든 그른 방향이든 교육이 된다. 엄마는 그림책을 읽어주는 시간뿐만 아니라 모든 순간에 아이를 가르치고 안내한다. 그래서 딸은 엄마의 미덕을 닮아가고, 때로는 엄마의 불행까지 닮아간다. 제대로 된 방식의 사랑을 받지 못한 엄마가 자식을 키웠을 때 아무리 태교를 열심히 하고 매 순간 신경을 쓴다고 하더라도 한계가 생긴다. 아이를 키운다는 것은 함께 사는 시간 자체를 공유하는 일이다. 사랑을 온전히 받아본 경험이 없는 엄마는 사랑을 베푸는 방법에 대한 모범답안이나 선험적인 체험이 수반되지 않은 상태에서 언젠가 자신이 받았던 것과 비슷한 방식으로 자식에게 상처를 안겨주기도 한다.

부모복이 없으면 자식복도 없다더니

　6살 딸과 2살 아들을 둔 선미 씨는 딸 때문에 골치가 아프다. 미운 짓을 골라서 하는 시기라고 해도 뭐든 하지 말라는 것만 골라서 하는 통에 몇 번이고 참을 인자를 새긴다. 한번은 어린 아들을 딸에게 맡기고 집 앞 슈퍼에 다녀오니, 동생에게 뜨거운 물을 먹여 입 주위가 벌겋게 달아올라 있었다. 선미 씨는 딸을 호되게 야단쳤지만 딸은 반성의 기미가 전혀 없었다. 먼지가 들어오니 창문을 열지 말라고 하면 벌컥 창문을 열고, 양치질을 하고 난 뒤에도 몰래 과자를 먹는다.

　한바탕 씨름을 하다가 남편이 퇴근을 해서 돌아오면 어린 딸은 하룻동안의 일을 아빠에게 고하며 엉엉 울음을 터뜨린다. 아빠 앞에서는 애교까지 부리며 신나게 노는 딸을 보며 선미 씨는 딸이 가증스럽다는 생각까지 한다. 자신을 소외시키는 듯한 딸의 행동이 괘씸하기도 하다. 그러던 어느 날, 드디어 아들마저도 자신을 소외시키는 것 같다며 그녀는 극도의 자괴감에 시달리게 되었다.

"친정 엄마는 제 탓만 하시죠. 그리고 사실 손주들한테 관심도 별로 없어요."

선미 씨가 들려준 친정 엄마의 이야기는 인상적이었다. 선미 씨의 엄마는 선미 씨가 8살 때 아빠랑 이혼하고 홀로 선미 씨를 키웠다. 그러면서 선미 씨에게 "네 아빠를 잘못 만나서 내 인생이 망가졌어" 하고 끝없는 신세 한탄과 원망을 늘어놓았다. 선미 씨는 그런 엄마가 무섭고 싫었다. 엄마는 화가 나면 의자를 던지기도 하고 물건을 부수면서 선미 씨를 위협했다. 엄마의 울화를 푸는 대상이 선미 씨였다. 그런데 선미 씨를 대하던 친정 엄마의 모습은 어딘지 낯설지 않았다.

선미 씨는 자신이 딸을 대할 때의 모습이 자신을 키우던 친정 엄마와 많이 닮아있다는 사실을 깨달았다. 선미 씨는 자신도 모르게 딸을 지배하고 통제하려고 했다. 그런 태도는 딸의 의도를 왜곡해서 생각했기 때문이었다. 선미 씨는 딸이 자신을 괴롭히고 반항하기 위해서 일부러 못된 짓을 골라서 한다고 생각했다. 성격장애가 있는지 의심하기도 했다. 한 번도 딸이 힘들 것이라는 생각을 하지 못했다는 사실에 선미 씨는 크게 놀랐다. 선미 씨는 친정 엄마가 그랬듯이 딸에게 힘든 자신의 모습을 이해받고자 했고, 딸의 마음보다는 자신의 처지를 비관하기 바빴다. 6살 아이가 기대할 만한 칭찬과 인정을 베풀지 못했다. 엄마로서 느낀 답답함, 짜증, 억울함을 딸에게 투사하고 있었던 것이다.

자신의 상처를 돌보느라 지친 엄마

선옥 씨의 아빠는 수시로 바람을 피우고 엄마에게 폭력을 휘둘렀다. 선옥 씨의 엄마는 선옥 씨가 성인이 될 때까지 참다가 선옥 씨가 20살이 되던 해에 이혼을 하고 선옥 씨와 함께 집을 나왔다. 혼란 속에서 선옥 씨는 대학에 들어갈 시기마저 놓치고 말았다. 그런데 얼마 후 선옥 씨는 엄마에게도 오래전부터 남자가 있었다는 사실을 알게 되었다. 선옥 씨는 엄마에게 실망과 배신감을 느꼈다. 결국 엄마와도 살지 못하고 선옥 씨는 친구와 함께 살게 되었다.

그때부터 선옥 씨의 삶은 한층 더 불안정해졌다. 아빠도, 엄마도 믿을 수가 없었다. 선옥 씨는 몇 년 뒤 스스로의 존재감을 잃고 무기력한 상태에서 남편을 만나 결혼을 했다. 그러나 남편의 사랑을 믿을 수가 없었고 마음을 열지도 못했다. 아이를 낳고 겉으로 보기에는 평범한 가정처럼 보였지만 선옥 씨의 마음은 늘 텅 비어 있었다. 그런 선옥 씨의 마음에 화답이라도 하듯, 남편은 얼마 못 가 바람을 피웠다.

'역시, 너도 그런 사람이구나.'

선옥 씨는 남편의 바람을 목격한 뒤에 홧김에 맞바람을 피웠다. 나이트 클럽에 가서 낯선 사람과 하룻밤을 보내기도 했다. 남편과의 감정의 골은 깊어질 데로 깊어졌다. 결국 두 사람은 이혼을 하게 되었다. 선옥 씨의 딸이 5살이 되던 해였다.

선옥 씨는 이혼 후 남편 없이 혼자 딸을 키우는 자신의 모습이 너무 싫었다. 사람들이 자신을 무시하는 것만 같았고, 평범한 가정을 꾸리는 다른 여자들이 부러웠다. 곁에 누군가가 있었으면 했지만, 남자에게 믿음을 가질 수도 없었다. 그래서 일회성 만남이나 텅 빈 관계들로 허전한 마음을 채웠다. 때로는 초등학생 딸이 집에 혼자 있는데 외박을 하는 일도 생겼다. 술만 마시면 필름이 끊어질 정도로 폭주를 했다. 그런 자신의 삶이 비참했고, 우울증과 신경쇠약에 빠졌다. 선옥 씨는 약물에 의지를 하면서 딸을 양육하는 인생이 너무나 버거웠다.

가슴이 덜컥 내려앉는 사건

그러던 어느 날, 중학교에 들어간 선옥 씨의 딸이 무단 외박을 했다. 선옥 씨는 딸을 찾아보려 했으나, 딸의 휴대폰을 꺼져 있었고, 딸이 평소에 누구와 친한지도 몰랐다. 선옥 씨는 '내가 아이에 대해 아는 게 하나도 없구나!' 하고 생각하며 딸의 방을 뒤졌다. 딸의 방에서는 담배가 나왔고, 딸이 쓴 일기장도 보게 되었다. 딸은 초등학생 때부터 왕따를 당해왔으며 종종 악몽에도 시달리고 있었다.

선옥 씨는 딸의 일기장을 뒤지며 그제야 뒤늦은 후회와 자책으로 흐느끼기 시작했다. 자신의 처지를 비관하고 스스로를 동정하는 시간 동안 딸이 얼마나 궁지에 몰려 있었는지, 어떤 어려움을 겪는지 알아볼 생각도 하지 못했던 자신이 원망스러웠다. 더불어 힘든 시절, 자신을 두고 다른 남자와 새 삶을 꾸리러 갔던 엄마가 떠올랐다. 그때의 배신감 이후, 선옥 씨는 그렇게 미워하던 엄마와 비슷한 엄마가 되어 있었다.

나는
나쁜 딸이
되기로 했다

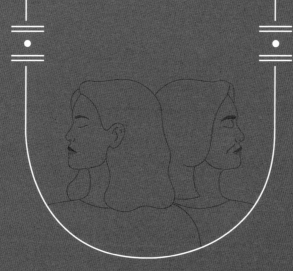

엄마가 먼저 문제를 깨닫기는 쉽지 않다

모든 문제 해결의 첫 단계는 문제 인식이다. 만약 가족 관계에 문제가 있다면 그것을 인정하는 것이 가장 먼저 필요하다. 당신이 운동을 하다가 컨디션이 나쁘다고 느꼈다면 이렇게 말할 것이다.

"나 오늘 몸이 별로네. 좀 아픈가 봐."

그런데 가족 관계에 대한 고민은 절대 입 밖으로 꺼내거나 인정하지 않으려는 경향이 있다. 무엇이 문제인지 잘 모르거나 인식해도 외부로 드러나는 것을 싫어하기 때문이다.

컴퓨터가 고장 나도 마찬가지다. 어디가 문제고 무엇 때문에 작동이 잘 되지 않는지 원인을 찾아보고 나서 수리한다. 사랑하는 아이에게 열이 나고 기침을 하면 역시 왜 열이 나게 되었는지 원인을 찾고 약을 처방한다. 모든 문제에는 분명한 이유가 존재한다. 그 이유를 통해 문제를 인식하고 원인을 파악해야 한다.

엄마와 딸의 관계도 우선 문제를 인식해야 그 문제를 해결할 수 있다. 나 또한 딸과의 관계에서 내가 얼마나 안 좋은 영향을 주고 있었는지 인식하게 되었을 때 무척 당황스러웠다. 그동안 소중하다고 생각했던 가치가 흔들리고 그동안의 노력이 너무 과하여 딸에게는 부담이 된다는 것을 깨달았다.

나는 최선을 다했고 좋은 엄마가 되고 싶었다. 내가 생각하는 좋은 엄마의 기준은 무엇이었을까? 나에게는 딸이 고통받거나 힘들지 않고 즐겁게 살 수 있도록 돕는 것이 딸을 사랑하는 방법이었다. 그래서 항상 딸을 보면 웃었고 힘든 내색을 하지 않았으며 딸이 도움을 요청하거나 욕구를 표현하면 언제나 들어주었다. 딸의 기쁨이 나의 행복의 기준이었다. 그래서 딸의 욕구는 물질적인 것뿐만 아니라 감정적인 부분까지도 아낌없이 지원해주었다.

딸은 엄마의 사랑이 좋아서 그런지 항상 엄마를 원했다. 그리고 엄마인 나에게 모든 것을 의존했다. 아니, 어쩌면 딸은 엄마가 좋아할 것 같은 행동만 했는지 모른다. 나는 왜 나도 받지 못한 엄마의 사랑을 딸에게 주려고 애쓰며 살았을까? 엄마의 부재로 고통받았던 나의 어린 시절…. 어린 내가 겪었던 고통은 나의 무의식에 존재하고 있었고 그 아픔의 경험으로 인해 생긴 욕구를 어린 딸에게 과하게 채워주면서 사실은 내 무의식적 욕구를 채우고 있었던 것이다. 그것은 내가 그토록 간절히 받고 싶었던 관심과 돌봄이며 최고의 사랑이었다.

하지만 그것은 내가 받고 싶었던 사랑이었지 딸이 원하는 것은 아니었다. 과잉 보호가 딸에게 얼마나 좋지 않은 영향을 주는지를 객관적으로 파악하기는 어려웠다. 어린 시절 내가 그토록 받고 싶었던 사랑과 관심, 돌봄을 주는데 그것이 어찌 문제가 된다고 생각하겠는가.

그러던 중 딸은 아주 작은 어려움에도 힘들어하고 자립 기능을 상실한 아이로 자랐다. 고난이 있으면 아예 이겨내려는 시도도 하지 않고 회피하려고 했다. 마치 작은 바이러스도 이기지 못하는 면역력이 약한 어린 아이 같았다. 무슨 일이든 스스로 해결하지 못하고 힘들면 피하거나 중도 포기하는 일이 자주 발생했다.

시간이 지나면서 딸의 독립적 기능이 점점 떨어지고 있었지만, 누군가 객관적인 관점에서 바라봐주는 이가 없었다면 나는 지금도 내가 딸에게 나쁜 영향을 주고 있다는 사실을 몰랐을 것이다. 그러나 문제의 원인을 인식하고 깨닫는 순간, 새로운 방법으로 딸을 대할 수 있었다. 하루아침에 변하기는 쉽지 않지만 나의 사랑이 딸의 삶에 오히려 방해가 된다는 것을 아는 것만으로도 나의 문제와 딸의 문제를 인식하고 분리할 수 있는 계기가 되었다.

객관적으로 보면 우리는 어떤 관계일까

아무리 모녀 관계라지만 객관성을 가져야 한다. 나와 엄마가 중요하게 여기는 것이 무엇이며, 각자가 원했던 삶은 무엇인지 살펴야 한다. 엄마가 원했던 그 삶을 딸에게 잘못 적용하며 살아가고 있지는 않은지 되돌아봐야 한다. 그리고 딸은 엄마에게 어떤 딸이길 원하는지, 그게 나 자신을 얼마나 힘들게 하는지, 내가 진심으로 무엇을 원하는지 알아야 한다. 이것은 문제를 해결하는데 가장 중요한 첫 단계, 문제 인식의 과정이다.

엄마와 딸이 정서적으로 독립을 하지 못하고 친밀한 관계로 지내고 있지만 그것이 문제라고 느끼지 못하는 경우가 많다. 딸이 불편한 감정을 느끼지만 엄마가 나를 너무 사랑하고 관심이 많아서 그런다고 여기며 불편한 자신의 감정을 억누르기 때문에 문제는 원점으로 돌아간다. 엄마의 행동이 정확히 뭐가 문제인지를 모르고 자신이 느끼는 감정에 대해서는 참았기에 지금처럼 참으면 엄마와의 관계가 편해질 것이라고 여기기도 한다.

'나의 감정은 중요하지 않다. 우리 가족이 편하고 행복하

면 그만이다. 아무 일 일어나지 않는 것이 행복이다.'

이렇게 자신을 다독이며 산다. 그러나 언젠가 자신의 가족이 지켜 왔던 행복이 가짜였다는 것을 알게 된다. 다른 사람의 눈에는 너무 잘 보이고 감지되는 엄마의 이상 행동이 드디어 나의 눈에도 드러나기 때문이다. 엄마의 집착과 불안은 다른 가족 구성원, 즉 사위나 손녀가 등장하면 더욱더 강하게 실체가 밝혀진다. 전에는 엄마와 아무런 문제가 없다고 생각하며 지냈는데 사실은 아니었던 것이다. 보통은 이런 식이다.

"남편과 저만 같이 잘하면 되는데 뭐가 문제인지 모르겠어요. 우리 엄마는 사위랑 손녀를 무지 사랑하고 예뻐하거든요. 그런데 남편은 우리 엄마가 불편하고 힘들다고만 해요."

"결혼하고 남편이 저 보고 친정에 너무 의존한다며 시비를 걸어요. 남편이 말하는 걸 들었는지 딸 아이도 저한테 자꾸 투덜대네요."

아픈 곳을 왜 굳이 들춰야 할까

문제를 제대로 인식하지 못하면 해결도 될 수 없다. 남편과 새롭게 꾸린 가정에 갈등 생겼다거나, 엄마와의 관계에서 무언가 불편한 점을 느끼기 시작했는데 이를 애써 무시하면 앞으로 행복한 삶에 다가가기 어려워진다. 그러니 무엇이 중요한 문제인지를 반드시 알아야 한다.

이제 나는 엄마 품에 살던 어린아이가 아니다. 학교도 졸업했고, 돈도 벌고 있으며, 어쩌면 결혼해서 가정을 갖게 된 독립된 성인이라는 사실을 알아야 한다. 어린 시절에는 부모를 의지하고 부모의 말을 거역하면 혼이 나서 엄마가 원하는 삶을 살았다면 이제는 나를 위해서 독립해야 한다.

엄마의 지나친 집착이 어른인 나에게 좋지 않다는 점을 확실히 인정하자.

'엄마에게 내가 없어도 될까?'

'반대로 나는 엄마 없이 살 수 있을까?'

이런 저런 생각에 불안하지만 시간이 지날수록 매듭을 풀기는 더욱 어려워질 것임을 분명히 알아야 한다. 나는 그동안 엄마와의 관계에서 고통스러움을 느끼기 싫어서 어떤 선택을 했는가. 그 선택은 누구를 위한 것이었는가. 문제를 인식하고 나서 자신을 돌아본다면 해결책도 보이기 마련이다.

나쁜 딸이 되는 연습

어린 시절 아픈 경험을 하면 마음이 제대로 성장하지 못한다. 지금 성인이 되었을지라도 내 안에는 울고 있는 어린아이가 살고 있는 것이다. 어린 시절의 아픔을 떠올려보자. 그때 나는 몇 살이었는가? 당시로 돌아가 어린 나의 마음을 알아보자.

그때의 나는 어떤 기분이 들었는가?

• 학교에 부모님이 오시기로 한 날인데 엄마 대신 할머니가 오셔서 창피했다.

• 엄마가 아빠랑 싸우고 집을 나갈까봐 무섭다.

• 엄마가 짜증을 내는 이유가 내 성적 때문인 것 같아서 불안하다.

• 엄마에게 혼 나는 모습을 친구들 앞에서 보여서 부끄러웠다.

• (   )

지금의 내가 어린 시절의 나를 만난다면 뭐라고 말을 건넸을까? "네가 더 잘했어야지!"라고 질책했을까? 아마도 "자책하지마. 너는 아직 어린아이야. 더 많이 잘못해도 괜찮아"라고 위로했을 것이다. 어린 시절 당신에게는 이런 말을 해주는 사람이 없었지만, 이제라도 내 안의 아이에게 따뜻한 응원을 보내보자.

어린 나의 마음 공감하기

- 친구들은 모두 엄마가 오셨는데 너는 오지 않으셔서 엄마에게 서운했겠구나.
- 엄마를 잃을까봐 정말 무서웠겠네. 그래서 앞으로는 엄마 말을 더 잘 들어야겠다고 생각했구나.
- 모든 일이 네 탓인 것만 같아서 고민했구나.
- 엄마에게 원망스럽고 어딘가에 숨어버리고 싶었겠구나.
- (   )

어린 시절 내가 원하는 것은 무엇이었을까?

- 무서울 때 말을 안 해도 나의 마음을 알고 엄마가 나를 도와주기를 바란다.

- 걱정되고 불안할 때 엄마가 괜찮은지, 도움이 필요한지 물어봐주기를 바란다.

- 어려운 일을 당했을 때, 혼자 있을 때 함께 있어 주기를 바란다.

- 무서움에 벌벌 떨 때 누가 안아 주었으면 하고 바란다.

- (   )

어른이 된 내가 어린 나의 마음 알아주기

- 아무한테도 말도 못 하고 너무 무서웠겠다.

- 사람들이 정말 무서웠겠다.

- 스스로 모욕감을 느꼈겠다.

- 스스로 문제를 해결 못 하는 모습이 마음에 안 들었겠다.

- 정말 힘들었겠다.

- (   )

어린 내가 어른이 된 나를 보면서 느끼는 감정

- 언니, 아직도 힘들어하는 모습 보니 마음이 아프다.

- 언니가 씩씩하게 문제를 해결하면서 용기 있게 살았으면 좋겠어!

- 언니는 어릴 때의 나와는 환경이 달라.

- 어린 시절에는 도와줄 사람 없었는데 언니는 남편도 있고 아들도 있

고 딸도 있잖아!

· 언니는 절대 혼자가 아니야 기운을 내서 문제를 바라보고 살았으면

  좋겠어.

· (   )

표현하는 연습

상대가 변할 수 있을까

고민이 있다면 문제라고 인식되는 부분을 파악하고 나서 자기 자신을 돌아보아야 한다. 자신의 문제를 그대로 수용하고 이해할 때 변화가 빨라진다. 그러면 스스로도 시원해하면서 자유로워진다. 그런데 자신의 문제를 보지 않으려 하거나 문제를 받아드리지 않으면 변화가 더디다.

　모녀 관계에서 갈등하고 있는 이들을 만나다 보면 이미 알아서 분석과 판단을 마친 상태다. 딸은 "엄마에게 문제가 있어요"라고 주장하고 엄마는 "딸이 왜 그러는지 모르겠어요. 도대체 무슨 생각일까요?"라고 답답해한다.

　"피곤해서 못 살겠어요."
　"도저히 이해가 안 가요."

　이렇게 상대방이 이해가 안 간다는 말을 계속한다. 그런데 가만히 생각해보자. 엄마에게 이 나이가 되도록 시시콜콜 잔소리를 들으면서 말대꾸 한마디도 못 하는 자기 자신은 이해가 되는가? 혹은 엄마가 싫어서 멀리 도망갔으면서 지금은 다시 돌아온 이유는 무엇인가? 엄마에게 심한 말을 들으면서 굳이 짜증만 내는 나의 모습은 왜 그런가? '나 자신의 마음과 행동이 왜 그런 것 같은지'를 스스로 질문해보아야 한다. 그리고 내 안에 숨겨진 이유를 찾아야 한다.

　많은 모녀가 상대의 변화를 원한다. "딸이 좀 달라지기를 원해요"라거나 "엄마가 바뀌었으면 좋겠어요"라고 하는 것이다. 상대가 달라져야 내가 행복할 것 같다는 말도 많이 한다. 그러나 상대는 내가 어떤 말로 지적하고 설득해도 변하기 어렵다. 원래 사람이란 다른 사람 입에서 내 잘못을 듣기 싫은 법이다. 아무리 모녀 관계라도 타인의 입을 통해 지적받고 평가받으면 마음이 닫힌다. 심리적 저항이 생기면 문제에 더 깊이 들어가 나오지 못하게 되는 경우가 있다. 그러니 내가 엄마에게 이러쿵저러쿵 이야기할 바에야 내 행동을 바꿔서 문제를 해결하는 쪽이 빠르다. 엄마 입맛에 맞는 딸이 되라는 뜻이 아니다. 엄마와 나의 관계를 고쳐나가기 위해 내가 무엇을 해야 할지 알아야 한다는 말이다.

내 안에 불편한 마음이 있다면 그 이유가 무엇인가. 나의 마음은 지금 무엇을 원하는가. 끝없이 질문을 하며 내 마음을 만나고 이해하며 공감해주면 마음속에 복잡하게 엉켜있는 실타래가 풀리기 시작한다. 이유 없는 문제는 없고 이유 없는 감정도 없다. 대부분 이유를 알면 이해가 되고 공감이 된다. 그런데 자기 자신을 돌아보니 스스로를 마음에 들어하지 않는 경우도 많다. 보통 어린 시절 부모에게 규칙적으로 평가당했던 아이가 자라면 이런 경향을 보인

다. 부정적인 판단은 진실이 아니므로 나의 마음을 이해해
주도록 하자. 있는 그대로의 자신을 바라보기를 바란다.

"우리 엄마는 바뀔 사람이 아니에요"

내가 원하는 바를 깨달았으면 이제는 주변에도 그 깨달
음을 알려야 한다. 특히 나의 상대인 엄마에게 내 마음을
알려야 한다. 그런데 너무 강하고 폭력적인 엄마에게는 의
사를 표현하기가 쉽지 않을 수 있다. 평생을 피하거나 보지
않을 수 있다면 모르겠지만 이것마저도 쉽지 않다.

어린 시절부터 너무 강한 엄마에게 반항 한 번 해보지
못하고 자랐다면 커서도 엄마를 두려워하고 무서워할 가
능성이 크다. 이런 경우 엄마는 특별한 불만이 없지만, 딸
은 주로 우울증이나 불면증 등으로 정신적 고통 속에 살아
가는 경우가 많다. 딸은 엄마 앞에서 하지 못한 속마음을
다른 곳에서 하소연하며 풀고 있을 가능성이 높다.

"나는 우리 엄마가 너무 창피해."

"엄마가 너무 싫어."

"나는 엄마처럼 되지 않기 위해서 몸부림치며 살고 있어."

"우리 엄마는 아무래도 너무 이상해. 정신병자 같아."

"나는 고통 속에서 몸과 마음이 병들어 죽어 가고 있어."

"살고 싶지 않아."

어떤 딸은 엄마에게 모든 것을 맞추면서 엄마의 생활비와 병원비를 전액 부담했고, 엄마의 언어폭력에 시달리며 50년을 견뎌왔다. 이쯤 되면 딸에게 엄마는 엄마가 아니라 괴물이다. 엄마의 학대는 아주 어렸을 때부터 지속되었다. 딸은 기억도 나지 않는 어린 시절부터 세뇌당했기에 두려움 속에서 마음의 기능이 정지된 채 몸만 컸을 뿐, 정서 상태는 12세 수준에 불과했다. 심지어 아직도 엄마에게 혼이 날까 걱정하느라 밤에 잠도 자지 못하고 밥도 잘 먹지 못한다.

"엄마가 병적으로 이상해서요…. 제가 엄마 말을 듣지 않고 반항하면 엄마는 더욱더 화를 내고 나를 못 살게 굴까 봐 어쩔 수 없었어요."

이 여성에게 물었다.

"지난 50년을 그렇게 살았어요. 앞으로는 어떻게 살기를 바라세요?"

그러자 1초도 기다리지 않고 답을 말했다.

"저는 정말 엄마에게 벗어나고 싶어요. 제발 편해지고 싶어요. 계속 이러고 살면 차라리 죽는 것이 나아요."

본인이 원하는 것을 엄마에게 말해보았는지, 변화하려고 실천해보았는지 물었다. 그러자 고개를 강하게 저으며 답했다.

"절대 안 돼요. 엄마는 바뀔 사람이 아니에요. 괜히 말썽만 일으키는 꼴은 싫어요."

학대하는 엄마는 엄마가 아니다

이미 50살이 넘은 어른인데, 마음은 여전히 12살이다. 내 안의 어린 아이는 지금도 엄마 눈치를 보며 엄마에게 맞추고 살 수밖에 없다. 그런데 다시 말하지만 우리는 벌써 어른이 되었다. 수십 년 전의 어린 내가 어른이 된 오늘의 나를 만났다면, 그 아이가 지금의 나를 보면 어떤 마음이

들까? 지금도 그때처럼 똑같은 고통 속에 살고 있다면, 그것을 본 아이는 기분이 어떨까? 그리 살지 않기를 진심으로 바랄 것이다.

이제는 어른이 된 내가 어린 시절 나의 손을 잡고 그 굴레에서 벗어나길 바란다. 나는 그때 12살이라 몸도 작고 힘도 없었기에 엄마에게 맞설 수 없었다. 이상한 엄마일지라도 절대적으로 필요했기에 어쩔 수 없이 말을 들어야 했다. 하지만 이제는 성인이다. 엄마가 꼭 필요한 나이도 아니고, 엄마가 없어도 상관없다.

딸을 학대하는 엄마는 엄마가 아니다. 자식을 소유물로 생각하며 자기 자신의 욕구를 충족하기 위해 딸을 조종하는 엄마도 엄마가 아니다. 호칭만 엄마고 오래전부터 그 사람은 엄마가 아니었다. 나를 괴롭히고 학대하는 엄마라면 돌보지 않아도 된다. 그래도 나는 나쁜 사람이 아니다. 그동안 한 것만으로도 충분하다. 엄마와 거리를 두고 나의 마음에 관심을 가지기를 바란다. 그리고 두려워 떨며 무서워하는 내 안의 어린 나를 꼭 안아주길 바란다.

나쁜 딸이 되는 연습

엄마와 딸의 관계에서 엄마가 변하기는 쉽지 않다. 딸은 엄마가 변하기를 바라고 내가 잘하고 조금만 노력하면 엄마가 달라질 것이라 생각한다. 그러다 시간이 지나도 엄마가 변하지 않고 자신에게 바라는 것만 많아지면 딸은 엄마가 불편해서 피하고 멀리하게 된다. 딸과 엄마의 관계에서 한 사람만 달라져도 서로의 관계에 변화가 일어날 수 있다.

나는 지금 엄마에게 무엇을 원하는가?

• 내가 노력했다는 것을 인정받고 싶다.

• 엄마가 나를 사랑했으면 좋겠다.

• 나의 의견과 선택을 존중받고 싶다.

• (   )

엄마에게 어떤 딸이기를 원하는가?

• 믿음직스러운 딸

• 있는 그대로 사랑스러운 딸

• 독립적으로 살아가는 씩씩한 딸

• (   )

엄마와의 관계에서 어떤 부분이 가장 걱정이 되는가?

• 나 때문에 관계가 더욱 틀어질까봐 걱정된다.

• 엄마와 나의 관계 때문에 주변 사람들이 힘들어질까봐 걱정된다.

• 이런 불안한 관계를 평생 끌고 가야 한다는 점이 걱정된다.

• (   )

엄마 앞에서 나의 마음을 표현해보자

• "엄마 나는 엄마에게 인정받고 싶었어."

• "엄마가 나를 믿어주고 기다려 줬으면 좋겠어."

• "엄마가 나에게 집착할 때는 숨이 막히고 내가 아무것도 아닌 것 같
  고 자꾸 피하고 싶고 힘이 들어."

• "내가 이런 말을 하면 엄마가 상처받을까봐 겁이 나고, 엄마와 사이
  가 더 안 좋아질까봐 걱정이 되지만, 그래도 엄마랑 잘 지내고 싶어

서 이야기하는 거야!"

• "말을 안 하고 참으니깐 엄마가 불편하고 엄마를 피하게 되는 것 같아."

• "엄마가 나를 조금만 존중해주었으면 좋겠어."

• (   )

힘들겠지만 엄마에게 나의 속마음을 이야기해야 한다. 대부분의 경우 이야기하지 않고 피하거나 짜증을 내며 비언어적 메시지로 전달하려고 한다. 마음을 온몸으로 간접 표현한다. 그런데 엄마는 딸이 왜 그러는지를 정확히 알 수 없다. (알아차렸다면 문제는 진작 해결되었을 것이다.) 엄마는 엄마대로, 딸은 딸대로 오해와 갈등이 깊어진다. 마음속에 서운한 감정이 켜져서 더욱 서로를 괴롭게 할 뿐이다. 딸이 먼저 용기 내어 내 마음을 엄마에게 표현해야 한다.

그런데 엄마는 내 말을 듣고도 금방 변하지 않을 수 있다. 큰 기대는 하지 말아야 한다. 대부분 엄마는 딸의 말을 잘 알아듣지 못하고, 이해하지도 못하며, 공감하지 못한다. 딸이 자신의 입장에서 말할 때 엄마는 변명과 합리화로 대처하며 화를 내거나 오히려 원망하고 비난한다. 나의 엄마가 이렇게 나올지라도 나는 나의 마음을 표현해야 한다. 이는 무의미한 노력이 아니다. 그러면 엄마는 아주 조금씩이라도 딸의 마음을 살피고 배려하려 노력할 것이다. 만일 엄마가 노력하지 않는다고 해도, 내 스스로 선언했다는 점에서 의미가 있다. 말하지 않으면 알 수 없고, 표현하지 않으면 풀릴 수 없다. 그냥 참고 지내는 형식적 관계만 남을 뿐이다.

스스로 행복해질 수 있는 나이가 되었다

———

품에서 벗어나기

부모를 저버린다는 죄책감

"엄마는 항상 제가 문제라고 했어요. 엄마 옆에 있으면 숨이 막혀요. 대화가 되지를 않아요. 무슨 말을 하면 원망하기 일쑤고 문제가 생기면 항상 저 때문이래요."

항상 나를 힘들게 하는 엄마지만, 그래도 나 때문에 고생하신 엄마라서 그런지 마음이 쓰인다. 그래서 엄마를 위로해주고 말도 잘 들어드리려고 노력해보아도 엄마의 원망은 끝이 없다. 엄마는 왜 나를 낳았을까, 나를 사랑하기는 하는 것일까 의심스럽다. 어쨌거나 세상에 하나뿐인 엄마가 외롭지 않도록 서로 의지하고 사랑하며 살아야겠다고 다짐하는데, 엄마의 완고한 고집과 원망은 변하지 않는다.

딸은 마음이 지친 채 엄마의 사랑은 포기하고 거리를 두고 살아볼까 싶다. 하지만 마음속에 의문이 남는다. '그렇게 해도 될까?' 마치 내가 나쁜 짓을 결심하는 기분이다. 나를 낳아주신 부모인데 배은망덕한 자식이라고 사람들이 손가락질하지 않을지 무섭다. 엄마의 저주와 원망이 귀에서 떠나지 않는다. "이게 다 너 때문이야"라던 엄마의 외침이 메아리처럼 울린다. 앞으로 엄마 얼굴 안 보고 살겠다고 하니 "이기적인 년! 너는 인간도 아니야"라던 목소리가 환청처럼 맴돈다.

성인이 되어서도 엄마의 통제와 억압은 계속되었고 딸의 마음과 삶은 피폐해졌다. 딸은 엄마에게서 벗어나고 거리를 두어야 한다. 평생 엄마의 감정의 노예로 고통 속에서 살아온 자신의 마음을 보호해야 한다. 딸인 내가 잘해도 엄마는 변하지 않을 것이다. 아니 잘하면 잘할수록 더 무시하고 함부로 대하며 나에게 부정적인 영향을 미칠 것이다. 엄마의 부정적 성향은 내 잘못으로 생긴 것이 아니다. 엄마의 잘못된 습관이 나에게 부정적 감정을 쏟아내고 책임을 회피하며 잘못을 반복하고 있는 것이다. 그런데도 엄마와 거리를 두기란 쉽지 않다.

나 자신을 지키려는 노력

관계가 더욱 악화되기 전에 엄마와 거리를 두고 나 자신을 지켜야 한다. 그동안 상처받았던 부정적인 감정들에서 빠져나와 자신의 삶을 살 수 있기를 바란다. 엄마 옆에 딸이 있다고 해서 엄마는 달라지지 않는다. 오히려 받아주는 딸이 있어 엄마의 밑바닥 감정들이 드러나고 강화된다. 그것을 계속 받아주면 딸은 엄마의 조종에서 벗어나기가 어렵다. 엄마의 말에 말려들지 않기 위해 엄마와 거리를 두어야 한다. 필요하다면 엄마와 주거를 분리하고 홀로서기를 통해 성숙해지며 자신의 삶을 찾아야 한다.

엄마는 나를 진심으로 사랑하는 것일까? 엄마는 누군가를 사랑하는 것이 어떤 마음인지 알고 있을까? 엄마는 나와의 대화에서 항상 내 탓을 하며 자기 안에 있는 부정적 감정들을 남의 잘못이라 여기며 살아왔다. 엄마는 딸인 나뿐만 아니라 모든 사람과의 대화에서 그리했을 것이다. 그 사람이 나를 무시하는지 파악하고 상대보다 나은 사람이 되기 위해 상대방의 흠을 찾아내어 비난하며 자신을 높여왔다. 엄마 자신은 온전하고 흠이 없으며 자기 안에 불편한 감정들은 가족 때문이라 여기며 부정적인 감정을 가족에게 전가한다.

엄마는 자신의 처지에 대해 스스로의 책임이라 여기지 않는다. 영원히 자기합리화한다. 엄마는 자신의 감정이 최우선이 되어 감정에 따라 수시로 말을 바꾸고 거짓말한다. 엄마는 문제 해결 능력이 없기에 문제가 생기면 자기 안에서 문제를 찾지 않고 외부 요인으로 돌린다. 그러기에 엄마의 정서는 성장하지 못한 채 어린아이로 살아가고 있다.

이런 사람을 자기도취형의 사람 또는 잘난척 하는 사람이라는 의미인 나르시시스트라고 부른다. 나르시시스트 엄마의 주변에 있는 가족은 고통 속에 살아가고 있다. 그런 엄마는 가족들이 잘해주고 배려해주면 오히려 그들을 무시하고 자기 아래로 내려다본다. 모든 관계에 서열을 우선시하며 자신이 위에 있기를 원하고 사람들의 친절과 선한 마음을 믿지 못하며 모든 관계에 어떤 의도가 있다고 받아들인다.

나르시시스트 엄마 옆에서 어린 시절부터 살아온 딸은 엄마의 부정적 감정을 책임지며 살았다. 딸이 아무리 잘해도 엄마의 감정은 달라지지 않았다. 엄마는 갈수록 원하는 게 많아지고 딸에게 요구하며 딸의 잘못이라고 이야기한다. 엄마가 가장 고통스러워하는 것은 자기 성찰하는 것이다. 자기 성찰의 고통을 피할 수만 있다면 어떻게든 피하고 다른 사람에게 피해를 주더라도 자신의 잘못을 인정하기가 어렵다.

남탓하지 않으면 못 견디는 사람들

많은 심리학자의 연구에 의하면 나르시시스트는 어린 시절 부모로부터 잘못된 훈육을 받았을 가능성이 높다고 한다. 부모는 자녀가 잘못했을 때 어떻게 가르쳐야 할지 고민하며 부드럽게 타일러 보기도 하고 함께 문제를 해결하며 잘못에 대한 책임을 느끼도록 한다. 그런 경험을 통해 자녀는 한층 성장하고 문제를 인정하며 수용하는 마음을 배운다. 자신의 잘못을 시인하고 용서를 구하며 자기를 수용함으로써 사람은 성장하고 성숙해진다.

그런데 부모의 과도한 가르침과 지나친 경계로 '잘못하면 절대로 안 돼!'라고 여기게 되면 성인이 되어서도 '나는 절대로 실수하지 않고 살아야 해'라고 생각한다. 실수하면 자동으로 불쾌감을 느끼고 분노를 표현하며 다른 사람에게 자신의 잘못을 전가한다. 쉽게 말해 남탓을 하는 것이다.

당신의 엄마는 어린 시절 잘못을 하면 지나친 야단을 맞았기에 절대 잘못을 하지 않아야 한다는 생각이 각인되었을 것이다. 그래서 자신의 잘못을 인정하고 시인하는 것을 가장 어려워하며 죽을 만큼 싫어한다. 이런 엄마는 뭐든지 자신의 잘못이 아니라는 말을 가장 많이 한다. 자신의 잘못이 명백한 사건도 인정하지 않고 끝까지 딸을 비난한다. 어린 시절 부모에게 받은 트라우마로 자기 자신뿐만 아니라 딸도 수용하지 못하게 되었다.

어른이 된다는 것은 문제상황에 자신의 행동과 감정을 스스로 책임지는 것이다. 문제상황에 대한 원인을 자신에게서 찾으며 자기를 돌아보는 사람이 성숙한 사람이다. 하지만 어떤 문제를 만났을 때 원인을 타인에게서 찾고 자신의 감정을 다른 사람에게 전가한다면, 그것은 어린아이들이 하는 행동이다. 아이들은 엄마의 감정을 이해하고 행동하지 못한다. 그리고 잘잘못을 친구에게 돌리며 친구들끼리 싸우는 모습과 똑같다. 어른이 되어서도 다른 사람 탓을 하며 문제를 해결한다면 정서가 자라지 못한 경우다.

당신의 엄마는 겉으로는 강한 척하며 자신의 내면을 감추고 살아가고 있다. 그래서 자신의 마음이 들킬까봐 더 강해 보이려고 애쓴다. 자신의 내면을 알게 되면 무시하고 함부로 대할까봐 두려워한다. 알고 보면 문제를 만들지 않으려는 엄청난 겁쟁이들이다. 다른 사람에게 책임을 회피하며 살아 왔기에 문제 해결 능력이 없다. 스스로 문제를 수용하고 이해하며 눈을 크게 뜨고 문제를 제대로 보아야 문제 해결 능력이 생기고 내적으로 성장하고 성숙해지는 것이다.

만약 지금이라도 엄마가 자신의 문제를 깨닫고 인정한

다면 조금씩 개선될 수 있다. 하지만 이는 정말 드문 경우며 그마저도 쉽지 않은 과정이 예상된다. 엄마가 자신의 나르시시즘을 버리지 못한다고 해서 좌절할 필요는 없다. 우리는 이미 성인이며 엄마가 어떤 사람인지와는 별도로 내 마음을 위로할 수 있다.

나쁜 딸이 되는 연습

나는 앞으로 엄마와 어떤 관계를 맺고 싶은가? 솔직하게 답하자.

• 독립적이고 존중해주는 관계가 되고 싶다.

• 서로를 이해하는 친밀한 모녀가 되고 싶다.

• 굳이 가까워지기 보다는 거리를 두고 싶다.

• 최대한 인연을 끊고 싶다.

• (   )

지금의 관계에서 벗어나는 모습을 떠올릴 때 내 마음은 어떠한가?

• 홀가분하다. 상상만 해도 기분이 좋다.

• 죄책감이 든다. 엄마에게 나쁜 짓을 하는 기분이다.

• 엄마가 걱정된다. 엄마에게는 내가 필요할 것만 같다.

• 내가 걱정된다. 엄마 없이 살 자신이 없다.

• (   )

나와 엄마의 관계를 제3자의 시선에서 관찰해보자.

- 엄마가 딸에게 너무 의존하고 있다.

- 엄마의 학대에 시달리는 딸이 불쌍하다.

- 어딘지 모르게 서늘하다.

- 서로를 갉아먹는 관계로 보인다.

- (   )

내가 엄마와 거리를 두려고 할 때, 제3자는 뭐라고 할까?

- "어쩜 저렇게 못된 딸이 있을까?"

- "아니야. 그럴 수 있지. 지금까지 많이 참아왔잖아."

- "너는 할만큼 했어."

- "네가 노력해도 엄마는 변하지 않아."

- "네 잘못이 아니야."

- (   )

폭언에 대처하는 가장 강력한 방법

가스라이팅 탈출

가스라이팅에서 벗어나려면

심리학에 '가스라이팅(가스등 효과)'이라는 용어가 있다. 심리적 조작을 통해 타인의 마음에 스스로 의심을 불러일으키고 현실감과 판단력을 잃게 만듦으로써 그 사람에게 지배력을 행사하는 것을 의미한다. 아마도 엄마는 오랜 세월 딸을 가스라이팅하며 마음에 상처를 주고 아픔을 주고 있을 가능성이 높다.

당신이 이런 딸이었다면, 나의 마음이 치유될 때까지 엄마와 분리하여 거리를 두고 지내기를 바란다. 그동안 영향을 받았던 강도에 따라 엄마와 거리를 결정해야 한다. 엄마에게 정서적, 감정적인 교류를 기대하며 나의 마음을 봐달라고 호소하고 상처받은 마음을 표현해보았겠지만, 소용없었을 것이다. 아니, 그럴 때마다 더 큰 비난을 받았을 것이다.

"그리 나약하고 강하지 못해서 세상을 어찌 살려고 그러니?"

이렇게 혼났을 것이다. 엄마에게 공감과 배려를 기대하지 말아야 한다. 거리를 두고 엄마와 대화를 자제하자. 엄마에게 신경을 쓰지 말고 관심을 끊어야 한다. 어느 정도 혼자만의 시간을 가지며 마음의 상처를 회복하고 엄마에게 단호하게 표현해야 한다.

엄마가 무서워하는 것은 주위의 시선

이때 감정에 호소하지 않고 사실에 근거한 이성적 대화를 해야 한다. 엄마가 나를 비난하고 내 탓을 하며 이야기한다면, 나르시시스트의 대화 방식에 휘둘리지 말고 이성적 언어를 유도해야 한다. 나르시시스트가 가장 두려워하는 것은 주변인의 평가다.

"엄마, 비난은 자존감 낮은 사람이 하는 거래요. 엄마가 매일 화내고 성질 부리고, 저를 함부로 대하는 것을 주변(동네, 교회 등)분들은 알고 계세요? 밖에서는 상냥하고 친절하면서 집에만 오면 다른 얼굴로 바뀌는 걸 그분들이 알면 얼마나 놀랄까요? 딸을 막 대하는 게 맞는지 주변에 물어봐야겠어요."

엄마가 가장 무서워하는 것은 다른 사람에게 엄마의 잘못된 행동을 소문내는 행동이다. 엄마가 두려워하고 신경쓰는 사람은 역시나 자기 주변의 아는 사람이다. 엄마는 주변의 시선을 의식하고 주위 사람들에게 자신의 모습을 가꾸며 포장하고 표현하기 때문에 그다지 친하지 않은 사람들에게는 자신의 민낯을 절대 보이지 않는다. 그러니 엄마에게 말할 때 단호한 표현으로 엄마의 평판을 상기시켜보아라.

공감 능력이 없는 엄마와 대화하려면

엄마에게는 일반적인 대화가 통하지 않는다. 공감과 이해를 하지 못하므로 상대와의 대화에서도 누군가 이기는 것이 중요하다. 그래서 다른 사람이 자신의 말을 맞다고 할 때까지 설득하는 것이다. 다른 사람을 수용할 생각은 애초에 없기 때문에 딸이 엄마에게 비난이라도 하면 난리가 난다. 딸을 인간 말종, 불효자식으로 부르며 부도덕한 사람으로 몰아세운다. 딸이 화를 내며 방어하면 오히려 "너는 분노조절장애야!"라고 더욱 강하게 비난한다.

엄마는 조금의 비난도 듣지 않으려 한다. 반대로 딸에 대한 자신의 비난은 정당하고 자기는 비난들을 이유가 없다고 생각한다. 그래서 딸은 엄마와 똑같은 사람이 되지 말고, 엄마가 한 말을 반문하고 엄마에게 다시 되돌려줘야 한다.

"그래서 엄마는 내가 싫다는 거지? 내가 무엇을 해도

엄마는 마음에 들어하지 않잖아? 다른 집 딸이랑 비교만 하고."

"그 집 딸은 엄마 명품백도 사줬다더라. 그런데 너는 엄마를 신경도 안 쓰겠다고 하고…. 고작 이빨 하나 해준 걸로 생색이냐? 네가 엄마한테 얼마나 해줬다고 그러니?"

"엄마는 나한테 끝없이 받고 싶구나? 어쩌지? 나는 지치는데…. 어차피 해줘도 좋은 소리 못듣는데 그만 포기하려고. 더는 자신이 없어."

이렇게 선포하고 외면하면서 지내는 훈련이 필요하다.

처음에는 무척 어색할 것이다. 그동안 힘들었던 자신의 감정을 위로하라. 그러고 나서 엄마에게 영향을 받지 않도록 다른 일에 집중하며 바쁘게 지내보자. 나는 이제 어른이 되었고 엄마가 없어도 충분히 혼자 살 수 있으므로 엄마에게 감정적으로 매여서 인생을 허비하지 말고 나의 삶을 살아야 한다.

엄마에 대한 감정 소비를 끊고 다른 것에 집중하자. 바쁘게 지내면서 엄마를 잊고 자신이 행복하게 여길 만한 취미생활을 찾아보자. 그러면 시간이 지나서 엄마가 불쌍한 척, 힘든 척, 또는 협박 등의 방법으로 딸이 자기에게 관심을 가지게 하려 노력할 것이다. 그래도 흔들리지 않고 엄마에게 필요한 말만 단호하게 하고 변하지 않은 태도만 지적하면서 시간을 가져야 한다. 아주 많은 시간과 인내가 필요하며 긴 싸움이 될 수도 있다.

나쁜 딸이 되는 연습

엄마가 나의 마음에 상처를 주고 있다면, 혹은 직접적인 폭력을 가한다면 이제는 맞서야 한다. 당신은 그런 대우를 받아도 되는 존재가 아니다. 누구보다 소중하고 귀한 사람이다. 당당하게 의견을 밝혀야 한다.

일단 엄마의 태도를 지적하라

• "엄마, 그런 표현은 수준 낮은 사람이나 쓰는 말이야."

• "엄마가 집이랑 밖에서 다른 이중적 사람이라는 거, 영숙이 아줌마도 알고 있어?"

• "가족에게 함부로 대하고 막말하는 게 맞는지 내 친구 엄마에게 물어봐야겠어."

자존감이 낮은 사람일수록 타인을 비난한다는 사실을 지적하라

• "남 탓을 자주 하는 사람은 자존감이 낮아서 그렇대. 엄마도 자존감

이 낮은가봐." (엄마는 이 말을 듣고 크게 발끈할 가능성이 높다.)

• "엄마는 엄마가 못난 사람이라는 것을 감추고 싶어서 나를 욕하는 것 같은데?"

엄마에게 받은 말을 냉정하고 차갑게 다시 되돌려줘라

• (매사 "잘 좀 해"라고 핀잔을 주는 엄마에게는) "엄마야말로 잘 좀 해."

• (평소 자신이 사용하던 말을 듣는 엄마가 화를 내면) "엄마는 항상 나한테 이렇게 말했잖아."

내가 지적받아 마땅한 사람이 아니라는 것을 엄마에게 보여라

• "엄마, 내가 엄마에게 똑같이 행동하지 않는 이유는 내가 엄마보다 성숙한 사람이기 때문이야."

• "엄마는 이런 것도 몰라? 나는 아는데. 엄마는 항상 내가 모자라다고 생각하지만 사실은 아니네."

엄마가 나를 비난할 때 반박하지 말고 수긍해버려라

만약 엄마가 "너는 참 못된 딸이야. 어떻게 엄마에게 그러니?"라고 말한다면 이렇게 답해서 말을 끊어버리자.

• 맞아, 나는 그런 못된 딸이야.

• 맞아, 나는 원래 이런 사람이야. 어쩔 수 없지.

이런 방법은 내게 어느 정도 힘이 생겨서 엄마에 대한 두려움이나 긴장감이 줄어들어야 시도할 수 있다. 어설프게 하다가는 오히려 더 큰 위협과 협박을 받는다. 내면에 힘이 생길 때까지는 거리를 두고 나를 지키는 것이 우선이다. 엄마가 나에게 뭐라고 해도 상관없다면, 엄마가 더 이상 무섭지 않다면, 엄마에게 잘 보이고 싶은 마음이 사라졌다면, 엄마를 포기할 수 있게 되었다면 내면에 힘이 생기고 있다는 증거다. 그때 엄마에게 이런 표현을 해보자. 엄마도 딸을 무시하지 않게 된다.

엄마의 감정에 더는 신경 쓰지 말도록 하자. 엄마와 거리를 두고 엄마가 나를 존중해 주지 않는다면 나도 엄마를 존중하지 않겠다는 강한 마음가짐이 필요하다. 전화할 필요도 없다. 엄마는 "전화도 없냐?"라고 하겠지만 바쁘다고 끊어버려라. 무턱대고 피하면 전화를 받을 때까지 걸거나 직접 찾아와서 더욱 성가셔질 수 있으므로 '은근히' 피해야 한다. 일이 바쁘다고 하자. 엄마가 "얘기 좀 하자"고 하면 "난 할 얘기 없어. 그리고 엄마는 나 안 좋아하잖아. 엄마

화내는 것 듣기 싫고 피곤해"라고 답하자. 엄마에게 맞추고 이해를 받으려고 하면 할수록 엄마의 감정에 매이게 되고 상황은 달라지지 않는다.

엄마와 얼마나 가깝게 지냈는지 떠올려보자.

• 나는 그동안 엄마와 얼마나 자주 만났는가? (매일 / 매주 / 며칠에 한 번 등)

• 나는 엄마와 만나서 얼마나 오래 시간을 보냈는가? (하루 종일 / 2~3시간씩 등)

엄마와 의식적으로 거리를 두기 위해 무엇을 할 계획인가?

• 엄마에게 관심을 끊기 위해 나는 자격증 공부에 집중할 계획이다.

• 엄마에게 관심을 끊기 위해 나는 운동을 할 계획이다.

• 엄마에게 관심을 끊기 위해 나는 먼 지역으로 떠나볼 계획이다.

• (   )

"그때 그래서 힘들었겠구나"

———

내 안의 어린 아이

위로가 필요해

엄마와 거리를 두는 것이 간단하고 쉬운 문제는 아니다. 그동안 고통을 많이 받았기에 혼자서 어떻게 해야 할지 어렵다면 전문가의 도움을 받아야 할 수도 있다. 엄마에게 신경을 쓰지 않고 다른 재미를 느끼며 엄마와 상관없이 지내다 보면 엄마는 딸의 주변에 맴돌며 자기 이야기를 들어달라고 순한 눈빛을 보이며 나를 바라볼 것이다. 그럴 때 엄마는 어린 시절 무관심 속에서 할머니에게 사랑받고 싶어 눈치를 보며 지냈을 때처럼 딸의 눈치를 보며 사랑을 갈구하게 될 것이다.

엄마는 어린 시절 냉정하고 차가웠던 할머니가 자신에게 아무런 관심도 주지 않아 사랑받기를 원했던 그 상황으로 돌아가게 된다. 그때 할머니는 비난을 하며 엄마에게 관심을 주었을 것이다. 엄마는 무관심 속에서 할머니가 주는 비난을 받으며 그것이 관심이라 여기며 살았던 것이다. 엄마의 사랑의 언어는 비난이었다. 딸이 아무런 감정을 느끼지 못하고 오랜 시간 엄마를 외면하고 무신경한 모습이 되어야 한다. 외로움에 지친 엄마가 언젠가 딸의 말을 진중하게 한마디 한마디 듣게 된다면 그때부터 새롭게 관계를 만들어 갈 수 있다.

적절한 칭찬도 하고 사랑을 어떻게 표현하는지 알려 주면 엄마는 딸의 사랑으로 달라질 수 있다. 엄마는 그토록 바라던 사랑을 할머니가 했던 방식으로 딸에게 표현하며 딸을 냉정하고 차갑게 조정하고 통제하는 잘못된 사랑을 한 것이다. 엄마는 어떤 사랑을 원하고 있는지도 모르는 채 자신이 받아왔던 방법을 딸에게 적용하며 딸을 강제로 복종하게 하고 자신의 경계속에 가두어 안심하고 싶었을 것이다. 엄마는 그토록 사랑받기를 원했지만 부모의 냉정하고 무관심한 모습으로 인해 받지 못했기 때문에 사랑을 원하는 자신의 모습을 발견하게 된다.

만약 엄마를 이해하고, 엄마를 위해 무언가 할 의지가 있다면 내가 엄마의 엄마가 되어 사랑을 주는 방법이 있다. 내가 엄마에게 거리를 두면 둘수록, 엄마는 나의 무관심을 마치 부모의 무관심으로 여기며 사랑을 갈구하는 순한 아이의 모습으로 돌아간다. 쉽지 않겠지만, 처음부터 다시 시작하는 마음으로 그동안 부모에게 받지 못한 사랑의 관계를 내가 먼저 시작할 수 있다. 다시 말하지만 참으로 쉽지 않다. 시간이 걸리고 인내와 고통이 따른다. 아무리 좋은 사랑을 표현해 주어도 상대방이 알지 못하면 소용이 없다. 그래서 사랑을 필요로 하던 어린 시절의 그 내면 아이를 끌어내어 사랑의 방식을 다시 시작해야 한다.

사자와 소가 사랑에 빠졌다고 상상해 보자. 사랑의 표현 방식으로 사자는 소에게 자기가 가장 좋아하는 고기를 계속 주고, 소는 사자에게 계속 풀을 준다면 갈등만 깊어질 것이다. 딸이 끝없이 선한 마음으로 엄마에게 사랑을 주고, 엄마를 불쌍히 여기고 잘해주면, 엄마가 달라지고 나의 순수한 마음을 알 거라는 기대는 하지 말아야 한다. 엄마는 누군가에게 다시 사랑을 배우기 전에는 바뀌지 않을 것이다. 강한 결단과 실행으로 당근과 채찍이 병행되며 엄마도 엄마의 엄마에게 받지 못한 사랑을 경험해야 한다.

나는 정말 좋은 사람이다

만약 이렇게까지 할 마음이 없다면, 엄마와의 거리를 벌리는 것만으로도 충분하다. 아쉽게도 내가 엄마의 모든 상처를 감싸고 치유해줄 수는 없는 일이다. 대신 나 자신의 상처는 지나치지 말자. 엄마와 거리를 두며 생긴 마음의 에너지를 내 안의 어린 나에게 보내주자. 어린 시절 내가 받았던 아픔을 돌이켜보고, 공감해주자.

이 또한 시간이 걸리고 하루아침에 달라지지는 않는다. 더는 엄마의 무분별한 비난을 듣지 말고 나 자신의 삶을 살

자. 그동안 들었던 비난의 말은 진실이 아니란 사실을 분명히 알고 자신을 지켜야 한다. 자신을 소중히 여기고 아껴주는 곳에 가서 힘을 공급받아라. 위축되었던 마음을 회복하고 자신이 얼마나 괜찮은 사람인지를 알아야 한다.

나쁜 딸이 되는 연습

누구나 어린 시절 엄마에게 혼난 경험이 있다. 그런데 그 훈육이 너무 과도했다거나, 내 잘못이 아닌 일조차 내 책임이 되어버린 적이 있는가? 그렇다면 지금이라도 어린 시절의 나에게 "네 잘못이 아니야"라고 말해주자.

어린 시절 엄마에게 혼났을 때 어떤 감정을 느꼈는가?

• 엄마한테 혼났을 때 무서웠다.

• 다른 사람들 앞에서 혼냈을 때 창피하고 부끄러웠다.

• 이유 없이 혼낼 때면 짜증 나고 화가 났다.

• (   )

어린 시절 엄마에게 혼났을 때 어떤 생각을 했는가?

• 앞으로 혼날 일을 만들지 말아야지.

• 나는 왜 이 모양일까? 나도 강해져야지.

- 실수하지 말아야지. 완벽해져야해.
- (   )

어린 시절의 나를 위로해주기

- 엄마에게 사랑과 이해를 받고 싶었는데 맨날 혼나서 속상했겠다.
- 엄마에게 인정받고 싶었는데 서운했구나?
- 지금 너의 모습 그대로도 괜찮아! 실수해도 괜찮아!
- (   )

딸은 엄마의 감정을 책임지며 '내가 사랑을 주고 내가 잘하면 엄마는 행복해질 거야'라고 여기며 살아간다. 엄마의 감정을 책임지며 엄마가 스스로 문제를 해결하지 못하고 있기에 '내가 이렇게 도와주면 엄마가 좋아하겠지!' '이 문제를 해결해드리면 기뻐하겠지!'라며 딸은 애쓰며 살아간다. 하지만 엄마의 감정은 딸의 노력으로 해결되지 않는다. 딸이 아무리 잘해도 엄마는 당연하게 여기며 딸에게 무례한 말을 하며 딸을 괴롭게 한다. 이런 사람이 주변에 있다면 엄마라 할지라도 가까이 지내지 않는 것이 정신 건강에 매우 좋다.

정서적으로 독립해야 진짜 어른

나의 삶과 엄마의 삶

독약이 되어버린 엄마의 애정

엄마의 과잉보호가 자녀를 의존적인 아이로 성장시킨다. 갓 태어난 아이는 부모의 도움이 절대적으로 필요하다. 그러나 아이는 성장하면서 스스로 하는 법을 배우고 세상에 적응해나간다. 이때 엄마의 지나친 간섭과 배려는 자녀를 의존적이고 수동적인 아이로 만들 수 있다. 아이가 밥을 먹을 때 흘리거나 제대로 먹지 못하면 엄마가 입을 닦아주고 반찬도 수저에 올리고 먹여주며 식사를 돕는 것은 당연한 일이다.

그러나 좀 실수가 있더라도 혼자서도 잘할 수 있도록 훈련하는 것은 더욱 중요한 일이다. 양말을 신거나 옷을 입거나 양치를 하는 등 일상의 모든 일들이 마찬가지다. 더디고 부자연스럽고 실수할지라도 부모는 참고 기다리며 스스로 할 수 있도록 격려해주어야 한다.

그러나 한참 성장기에도 자녀의 일거수일투족을 엄마가 다 챙기며 일일이 간섭하는 경우가 있다. 그러면 아이는 스스로 자신의 문제를 해결할 기회를 잃고 독립성과 자립성 또한 사라지게 된다. 그래서 아이는 자신의 문제를 직면하거나 해결할 기회가 없어 문제 해결 능력이 약해진다. 또한 자신이 원하는 것을 부모가 채워주기 때문에 스스로 생각하는 힘이 약해지고 참을성이 부족해진다.

엄마의 과잉보호는 딸의 삶에 부정적인 영향을 준다. 딸이 엄마 없이 살 수 없게 만들고, 엄마뿐만 아니라 누군가를 의지하며 살아가야 하는 약한 사람이 된다. 딸은 주도적인 삶을 살지 못하므로 삶이 무기력하고 우울하다. 엄마는 딸이 그런 삶을 살기를 바라지는 않을 것이다. 스스로 문제를 해결할 수 있도록 기다려주었어야 했다.

물론 때로는 남을 의지해야 하는 경우가 있다. 하지만 주변 사람들이 나를 돌보기만을 원하며, 그들이 돌보지 않거나 배려하지 않으면 그들과 갈등을 빚는다. 항상 다른 사람이 자신을 돌봐야 한다고 생각한다. 어린 시절부터 과잉보호 속에 성장한 자녀는 결혼해서도 돌봄을 원하며 남편과 딸에게 기대며 살아가게 된다. 그리고 반대로 어린 시절 돌봄을 받지 못한 경우는 일찍 성숙하고 어른이 되며 주변을 돌보려는 경향이 있고, 결혼해서 자신의 딸을 지나치게 돌보게 된다.

누군가를 돌봐야 한다는 집착

어린 시절부터 가지고 있던 패턴을 인식하고 지나치게 돌보거나 지나친 의존성에서 벗어나야 한다. 때로는 도움이 필요할 때 도움을 받을 수도 있어야 한다. 또는 누군가 돌봄이 필요할 때 도움을 줄 수도 있어야 한다. 언제나 일방적인 것은 바람직하지 않으며 관계에 어려움을 만들어낼 수 있다.

나도 어린 시절 결손가정에서 성장하며 일찍 어른이 되었고 부모님을 돌봐야 했다. 결혼해서는 자녀를 지나치게 돌보았다. 주변을 돌아보니 내가 돌봐야 할 대상들만 있었다. 나는 누군가에게 의지하고 기대는 것이 잘되지 않았고 스스로 해결하며 살아가는 것이 너무 당연하게 느껴졌다. 오히려 다른 사람을 돌보는 것이 편하기까지 했다.

한때 다문화 센터와 다문화 학교를 운영하면서 후원금을 모금한 적이 있는데, 너무 불편하고 힘들었다. 누군가의 도움을 받아야만 하는 상황을 온몸으로 거부하는 감각을 느꼈던 것이다. 할 수 있는 한 혼자 힘으로 감당하며 버틸 수 있을 데까지 버텼다.

그러다 누군가의 도움을 받게 될 때면 하염없이 눈물이 흘렀다. 혼자가 아니라는 생각이 들었고 타인의 지지가 마음에 큰 힘을 주며 행복한 기분이 들었기 때문이다. 도움을 주기만 하는 사람은 교만해질 수 있고, 받기만 하는 사람은 비굴해질 수 있다. 우리는 인간관계에서 도움을 주는 사랑도, 받는 겸손도 필요한 것이다. 이러한 경험을 통해 내 삶이 얼마나 왜곡되어 있는지 알게 되었고 어린 시절의 경험이 얼마나 큰 영향을 미치는지 깨닫게 되었다. 어린 시절 내가 그토록 의지하고 기대고 싶었던 그 사랑과 도움을 다른 사람에게 나눠주며 정작 나 자신은 돌보지 못했다. 다른 사람을 돌보는 나 자신을 괜찮은 사람이라 여기며 살았다는 생각이 스쳤다.

그후로 많은 변화가 있었다. 아직 부자연스럽기는 하지만, 여러 차례 받는 경험을 의도적으로 하며 다른 사람에게 부탁도 하고 도움도 구해보는 시간을 가져보았다. 그것은 내 내면의 욕구, 충족하고 싶었던 또 다른 기쁨을 주었다. 나는 나의 삶에 누군가를 도와야 한다는 무거운 짐을 내려놓았다.

나도 남에게 받아보고 스스로를 아껴보는 시간을 가졌다. 그리고 나의 딸에게도 주기만 하는 사랑으로 아이의 의존성을 높여 놓았던 것은 아닌지 양육 방식을 점검하며 나와 딸을 위해 새로운 관계를 시도했다. 때로는 딸에게 무엇을 부탁해보기도 하고 도움을 청해보기도 했다. 딸은 갑자기 불편해지는 이런 상황을 싫어했고, 대놓고 "어른이 되기 싫어"라며 현실을 두려워하고 저항하기도 했지만 이 또한 기다리며 거쳐야 할 과정이었다.

엄마는 엄마, 나는 나

엄마는 딸과 자신을 동일시하며 딸이 자기처럼 힘들게 살아가게 될까봐 지나치게 돌본다. 하지만 엄마에게는 엄마의 삶이, 딸에게는 딸의 삶이 필요하다. 두 사람은 엄연히 다른 인격체라는 점을 의식해야 한다.

엄마가 자기 자신을 위해 생각해볼 것들

- 어릴 때는 본인의 엄마를 돌보며 지냈고, 나이 먹어서는 딸을 돌보며 살고 있지 않은가? (습관적 돌봄)
- 살면서 나 자신을 돌본 적이 있는가? 나는 나를 위해 무엇을 하고 있는가? (나에게 집중)

딸은 자신의 무능함을 힘들어하고 주체적이고 주도적인 삶을 살지 못하는 자신을 자책하며 괴로워할 것이다. 엄마를 대단하게 여기며 엄마처럼 살지 못하는 자신의 모습을 싫어하며 무기력한 모습으로 살아갈 것이다. 내가 그동안 엄마의 과잉보호 속에서 성장했다면 혼자 힘으로 무언가를 하는 것을 싫어하고 조금만 힘들어도 엄마가 해결해주기를 바랄 수 있다. 엄마의 도움이 일상이 되어버렸다. 엄마는 나를 위해 온종일 집중한다. 내가 어려운 일을 당하면 화를 내면서도 달려와주고 문제를 해결해준다. 이런 엄마에게서 벗어나기란 쉽지 않다.

때로는 엄마 말을 거역하고 싶지만, 쉽게 그러지 못한다. 모르게 엄마 말을 거역하면 나쁜 일이 생길 것만 같다. 결국 짜증을 내면서도 엄마 말을 억지로 들을 때가 많다. 엄마가 어려운 일도 잘 처리해주니 엄마가 하자는 대로 한다.

그러나 이럴 때마다 엄마가 해결해주면, 나의 몸은 편하겠지만 마음은 불편할 것이다. 끝없는 통제 속에서 엄마가 나를 믿지 못하고 안심하지 못하며 다 큰 딸을 항상 확인하며 못 믿는다면 나의 기분이 어떠할까? 엄마로 인해 나의 판단력은 발휘되지 못할 것이다. 인간은 몸이 자라고 나이가 들면 마음도 나이에 맞게 성장해야 한다. 몸만 어른이고 마음은 어린아이인 채로 있다면 나는 성인으로서 기능을 제대로 할 수가 없다. 자, 이제는 엄마에게 독립하겠다는 마음을 먹어야 한다. 힘들겠지만 혼자 서보고, 어른이 되겠다는 마음을 먹어야 한다. 독립하기로 마음을 먹었다면 그때부터는 안 쓰던 힘을 써야 하기에 힘들 것이다. 그 전에 엄마 안에 머물러 있을 때는 느끼지 못한 불편함이 올 것이다.

이 상황을 이겨내기가 힘들다고 느끼며 피하고 싶을 것이다. 힘들고 어려울 때마다 엄마가 해결해주었던 과거가 생각날 것이다. 그래도 이 모든 것을 이겨내야 한다. 우선 엄마에게 의지했던 일상을 혼자 힘으로 해보자. 예를 들어 충분한 나이가 되었는데도 경제적으로 의존하고 있었다면 내 손으로 돈을 벌고 저축도 해보는 것이 좋다. 그 돈으로 내가 갖고 싶던 물건을 사거나 가고 싶던 곳을 여행한다. 더 나아가서 엄마에게 선물을 해도 좋다. 나도 경제적 능력이 있는 어른이라는 것을 확실히 알리는 계기가 될 것이다.

그동안 내가 의존했던 부분을 독립적으로 해나가려면 엄청난 에너지가 들어간다. 그리고 자신이 스스로 아무것도 못 한다는 사실을 새삼 깨닫게 된다. 어차피 처음부터 잘할 수 없다. 처음부터 잘하는 사람은 없다. 하나씩 천천히 해보자. 자기 스스로 여유를 갖고 나에 대한 기대를 낮추어보자. 아니면 스스로 자책하고 실망하게 된다. 그리고 다시 도망가고 싶어진다. 하지만 무엇보다 중요한 것은 스스로 독립하겠다는 마음가짐이다.

나쁜 딸이 되는 연습

오랜 세월 살아온 방식을 버리고 새로운 삶을 살기란 쉽지 않다. 습관처럼 스며들어버린 의존성을 벗어던지고 독립적인 사람이 되려면 끝없는 자기암시가 필요하다. 내가 왜 변화해야 하는지, 그러려면 무엇을 해야 하는지, 잘해낼 수 있겠는지를 스스로 떠올리며 다짐해보자.

갑작스러운 독립이 걱정된다면 내 마음에 스스로 공감해주자.

• 엄마와 독립하여 혼자서 하려니 불안하고 걱정되는구나.

• 어떤 일이든 처음부터 잘하고 싶은 마음이 있구나.

• 뭐든 잘할 수 있을지 믿기가 어렵고 불안하구나.

• '처음부터 혼자 할 수 있게 기회를 줬다면…' 하고 엄마가 원망스럽기도 하구나.

• 엄마를 의지하지 않으면 엄마가 서운해하거나 나를 원망할까봐 불안하구나.

- 엄마 없이 내가 괜찮을지 스스로 걱정이 되는구나.

- 그런데 너는 일어나지 않은 일도 걱정하며 불안해하는구나. 그래, 불안할 수 있어! 걱정할 수 있어!

- 괜찮아. 네가 이상해서 그런 것이 아니야. 충분히 그럴수 있어!

- (   )

자신의 독립을 응원해보자.

- 실수해도 되고 잘 못해도 괜찮아.

- 엄마와의 독립은 나 자신을 위해서야. 조금만 힘내자.

- 엄마에게 독립해도 큰일은 일어나지 않아.

- 엄마가 나를 걱정하고 원망할 수도 있어. 그래도 그건 내 잘못이 아니야.

- 처음에는 힘들거야. 그래도 이겨보자.

- 힘들지? 조금만 힘내자. 나는 잘할 수 있을거야.

- (   )

하루에 두 번 거울을 보고 현재 자신의 마음 상태를 공감하고 배려해주도록 한다. 자신감을 암시하며 마음에 안정을 주고 용기낼 수 있도록 도와야 한다. 타인이 보내는 공감과 응원은 작은 격려일뿐, 나 자신의 결정만큼 큰 힘을 내지는 못한다. 내가 나의 결정을 지지할 때 마음에 새로운 힘이 올라올 것이다. 변화는 나 스스로 시도할 때 찾아온다.

엄마 때문에 힘들다고, 엄마와 대화가 되지 않는다고, 어찌하면 엄마가 달라질 수 있느냐고 질문하는 딸들이 많다. 엄마가 달라지기를 기다리지 말고 나 스스로 달라져보자. 내가 먼저 변하지 않으면 엄마는 바뀌지 않는다. 하지만 내가 먼저 변하면 엄마도 바뀔 수 있다.

덜 사랑해서가 아니라, 더 사랑해서

침범하지 않고 존중하는 관계

'내가 어떻게 엄마를 외면하겠어'

어떤 부모든 자식을 기르는 일은 쉽지 않았을 것이다. 그런데 어떤 엄마는 나중에 딸이 자신을 돌보지 않으면 안 된다는 신념을 무의식적으로 심어주는 경우가 많다.

"엄마는 너밖에 없다."

"넌 커서 엄마를 돌봐야 한다."

"내가 너를 어찌 키웠는지 알지? 돈도 없어서 입을 것 안 입고, 먹을 것 못 먹고, 고생고생해서 너를 키웠다."

그 신념은 자녀가 어렸을 때부터 마음속에 자리를 잡는다. '부모의 고생에 대한 보답은 의무야.' 이렇게 교육되었기에 대부분의 딸들은 성장 후에 결혼해서도 엄마를 부양하며 최선을 다해 돌본다. 엄마는 딸을 의지하며 살아가고 딸이 자신을 돌보는 것을 당연하게 여긴다. 그래서 엄마는 딸에게 자신의 필요를 당당하게 요구하며 딸은 그 요구를 채워주며 살아간다. 그것은 딸에게 절대적인 자신의 규칙과 신념이 된다.

딸 입장에서 생각하면 나는 항상 죄인이다. 엄마를 고생시켰기에 미안하고 죄스럽다. "네가 엄마를 외면하면 사람도 아니다"라는 말을 들으면서 자란 딸은 엄마를 부양해야만 인간으로서의 도리를 다했다고 여기게 된다. 엄마를 부양하지 않는다는 생각만으로도 죄책감을 느낀다. 항상 내가 엄마에게 잘해야 하고, 엄마를 감당하고 책임져야 한다

고 믿기에 독립하거나 결혼해서도 엄마를 돌보면서 살아
간다.

이 상황에서 벗어나야 한다고 딸 스스로 깨닫기란 어렵
다. 딸은 어릴 때부터 '네가 필요하다'는 이야기를 자주 들
었을 것이다. '엄마는 나의 도움이 필요하고 나 때문에 산
다'는 생각에 딸은 엄마를 위해 힘을 내며 엄마를 지키고
엄마의 기분을 돕기 위해 그동안 애쓰며 살았을 것이다. 엄
마의 필요를 채워주면 존재감을 느끼고, 엄마를 외면하고
거부하면 나쁜 사람이 되기 때문에 이 상황에서 벗어나기
가 몹시 어렵다.

'당연한' 도리는 없다

엄마는 왜 딸에게 이런 말을 하며 부담을 주고 딸을 의
지하며 살아가게 되는 것일까? 엄마는 왜 자신의 감정 상
태를 스스로 다스리기 힘들까? 엄마는 어린 시절부터 누군
가를 의지하며 살아왔고 힘이 없는 상태에서 딸을 키웠기
때문에 몹시 버거웠을 것이다. 엄마로서는 최고의 힘을 발

휘하며 딸을 위해 버티어온 것이다. 그 과정에서 보답을 받고 싶다는 생각이 든 엄마에게는 딸이 자신을 배려하고 돌보는 것이 지극히 정상이다.

그러나 엄마는 딸의 마음과 입장을 전혀 모르고 있다. 우리는 자신의 마음속에 빠져 살아가기 때문에 다른 사람의 마음을 알 수도 없고 객관적으로 바라보기가 힘들다. 그래서 욕구가 많고 딸에게 바라는 것이 많은 엄마는 무엇이 문제이고, 무엇 때문에 자신이 그러는지 알아야 한다.

딸이 해야 할 첫 번째 일은 엄마가 자신의 상태를 파악할 수 있도록 질문하는 것이다.

"외할머니는 엄마에게 어떤 엄마였어?"

"할머니는 바빠서 엄마 혼자 다했지. 엄마는 항상 혼자였어."

"그때 엄마는 외할머니에게 무엇을 원했어?"

"글쎄…. 반찬도 해주고 집에 같이 있어주기를 바랐어. 혼자 있는 게 싫었거든."

"엄마는 외할머니에게 돌봄과 보호를 받고 싶었구나. 엄마도 외롭고 힘들었겠다. 그래서 나한테도 돌봄과 보호를 받고 싶어 하는구나?"

엄마가 자신의 문제를 스스로 깨닫도록 대화를 나누어보자. 겉으로는 강한 척하는 엄마지만, 사실은 딸인 나를 협박하고 회유해서 본인의 욕구를 채워오지 않았는지 물어본다. 엄마는 "내가 그렇게 이기적이라고?"라며 부정할 수 있다. 나름의 방법으로 수고한 엄마에게 칭찬과 감사를 표현해주되, 나의 마음도 드러내보고 나의 뜻을 요청해보자. "엄마, 나도 엄마에게 보호받고 싶어. 나도 엄마에게 기대고 싶어. 엄마를 의지하고 싶어"라고.

딸을 의지하는 엄마는 흔히 두 가지 유형 중 하나인 경우가 많다.

- 강하게 화를 내면서 협박하고 통제하는 유형
- 약하고 힘없어 보여 동정심을 자극하는 유형(자식의 의무를 강요하여 은근히 조종)

겉으로는 달라 보여도 둘 다 결국 딸을 의지하고 통제하며 딸에게 애정을 얻고자 하는 마음은 동일하다. 엄마의 신념은 확고하다. 자신의 말을 잘 들어주고, 기분을 이해해주며, 잘 돌봐주면 좋은 딸이다. 반대로 자신의 기분을 배려하지 않는 딸은 나쁜 자식이다. 이런 엄마의 신념과 도덕 관념은 왜곡되어 있으며 지극히 자기중심적이다. 이런 엄마가 자기 자신의 상태를 객관적으로 바라볼 수 있도록 이끌 수 있다면 가장 좋다. 어렵다면 전문가의 도움을 받아보자.

착한 딸로 남아야 한다는 콤플렉스

엄마가 아니라 나 자신에 대한 고민도 해봐야 한다. 어린 시절부터 나를 의지하며 살아가는 부모님에게 좋은 딸이 되기 위해 끊임없이 노력해왔다면 '착한 아이'로 살아야 한다는 콤플렉스에 시달리고 있을 수 있다. 콤플렉스를 자각하는 계기는 보통 이런 식이다.

"엄마가 친구한테 빌린 돈이 좀 있는데 네가 갚아줘. 너는 착한 딸이잖아."

너무나 당당하게 말씀하시는 모습에 딸은 무언가 잘못

되고 있음을 감지한다. 부모님은 착하고 말 잘 듣는 딸이 부모의 생계를 책임질 수밖에 없는 상황 속에서 딸 생각은 전혀 하지 않는 것이다. 부모가 벌인 일까지 뒷감당하게 하며 딸을 괴롭게 한다. 어린 시절 너를 키웠으니 생계뿐만 아니라 빚까지도 감당해야 한다는 억지 논리로 '너는 착하니까'라며 책임을 돌리고 있다. 요청을 들어주지 않으면 불효자, 들어주면 효자라는 주장을 펼치고, 더욱 의지하며 그 한계는 끝이 없다. 부모는 해주면 해주는 대로 더욱 의지하며 요구가 커진다.

그러다 한 번 거절하면 엄마는 배신감을 느끼고 서운해하며 나는 못된 자녀로 추락하게 된다. 그 추락의 느낌을 받아드리기 어렵기에 우리는 고통스러운 심정을 붙잡고 계속 힘든 삶을 살아간다. 그렇게 주기만 하고 받지 못하는 부모 자식의 관계는 나의 삶 전반에 영향을 끼친다.

더는 착한 딸이라는 핑계로 이용당하지 않기를 바란다. 딸이 착한 딸을 그만두게 되면 엄마는 놀라고 불효자 취급을 하며 딸이 그동안 들어왔던 신념을 이야기하고 협박할 수 있다. 그 협박은 나를 괴롭게 하고 고통스러울 수 있다. 오랫동안 들었던 말이기 때문에 진실로 착각할 수 있다. 하지만 그것은 진실이 아니다. 엄마가 말한 불효자가 된다고 할지라도 '나는 괜찮다'라고 위로하며 불효자가 되어보기 바란다. 불효자가 되어야 문제를 해결할 수 있다.

엄마가 원하는 착한 딸은 이 상황 속에서 영원히 벗어나지 못할 것이다. 그러니 더는 착한 딸에 얽매이지 말고 못된 딸이 되기를 바란다. 부모의 기준과 개념이 다 맞는 것은 아니다. 부모가 정해놓은 착한 딸이라는 기준이 누구를 위한 것인가? 부모를 위한 것이 아닌가? 그것이 딸을 위한 것이라고 말하며 딸을 생각하고 아끼는 척 할 수 있으나 그런 말들은 결국 부모 자신을 돌보게 하며 부모를 위해 나를 그곳에 두었을 뿐이다. 결코 나를 위함이 아님을 명심하라.

지금부터라도 달라질 수 있다

어린 시절 내가 느끼며 살았던 삶은 어른이 되어서도 크게 달라지지 않는다. 어린 내가 엄마에게 바라는 것을 어릴 때는 이루지 못했지만, 성인이 되어서라도 느껴보았으면 한다. 어린 내가 원했던 마음을 살펴보자. 그 감정을 이해하고 공감하며 어린 내가 얼마나 힘들었고 불안했는지 알아주어야 한다. 그리고 엄마에게 지금이라도 넘지 말아야 선을 그어야 한다.

대부분은 자신이 어린 시절 온 힘을 다해 엄마를 보살폈다는 사실 자체를 모르는 경우가 많다. 착한 내 모습, 나로 인해 엄마가 행복하도록 노력하며 살아온 내 모습을 뿌듯하게 여기기 때문이다. 그래서 정작 자기 내면의 힘든 마음은 인식하지 못하며 살아간다. 착하고 말 잘 듣는 딸은 주변에서도 항상 칭찬만 들었을 것이다.

"너는 참 어른스럽구나."

"어쩜 애가 의젓하기도 하지."

칭찬과 인정을 받아오던 시절에서 벗어나기란 무척이나 어렵다. 타인이 나를 필요로 한다는 사실에 뿌듯함을 느껴왔는데, 다른 사람이 나를 의지하며 살고 있는데 그 상황에서 빠져나오기가 힘들다. 훗날 지쳐서 병이 들고나면 그때야 비로소 과도하게 다른 이를 돌보느라 자신의 삶을 누리지 못한 지난날을 후회하는 실수를 할 수 있다. 어린 시절 정말 힘들었던 마음을 기억해내야 한다.

나쁜 딸이 되는 연습

나는 왜 어른이 되어서도 엄마에게 전전긍긍할까? 어린 시절의 기억 속에서 해답을 찾아보자.

내가 어렸을 때부터 엄마에게 들었던 말은 무엇인가?

- 착하구나.
- 너는 말을 참 잘 듣는다.
- 내가 너 때문에 마지못해 산다.
- 너만 보면 힘들어서 죽겠다.
- (   )

그 말을 들었을 때 어린 나의 기분은 어떠했는가?

- 착하다는 말을 들으니 엄마가 행복해서 좋았다.
- 엄마가 기뻐하는 것을 보니 앞으로도 더 말을 잘 듣는 아이가 되어 야겠다.

나는 나쁜 딸이 되기로 했다

- 엄마가 나 때문에 산다고 하니, 내가 엄마에게 힘이 돼서 다행이다.

- 엄마가 나 때문에 힘들어 죽겠다고? 내가 더 잘해서 힘이 되어야
  겠구나.

- (   )

어린 시절 나는 엄마에게 무엇을 원했는가?

- 엄마가 행복했으면 좋겠다.

- 엄마가 즐거웠으면 좋겠다.

- 엄마가 나 때문에 힘들지 않았으면 좋겠다.

- 엄마가 나로 인해 기뻤으면 좋겠다.

- (   )

어린 시절 내가 엄마에게 원했지만 받지 못한 것은 무엇인가?

- 힘들 때 엄마에게 고민도 이야기하고 위로받고 싶다.

- 엄마에게 투정하고 성질부려도 엄마가 받아주고, 기분이 상하지 않
  았으면 좋겠다.

- 엄마가 어른스러웠으면 좋겠다.

- 엄마가 자신의 기분만 생각하지 않고 나를 배려했으면 좋겠다.

- (   )

어린 시절 내가 엄마로 인해 느꼈던 부정적 감정이 있는가?

• 엄마가 나 때문에 힘들어서 죽으면 어쩌지? 불안하다.

• 엄마가 기분이 안 좋으면 나 때문인 것 같다. 불편하고 미안하다.

• 엄마의 감정을 거슬리게 하면 무섭게 화를 낼 텐데…! 긴장된다.

• 엄마의 말을 안 들으면 큰일 나고 어떤 상황이 올지 몰라. 너무 걱정
  된다.

• (   )

엄마에게 배우지 못한 진짜 부모의 역할

엄마가 부모답지 못한 행동을 할 때마다 딸들은 속으로 외쳤다.

'나는 나중에 저런 엄마가 되지 않을 거야.'

그런데 나도 엄마가 되어보니 끔찍하게 싫어하던 그 행

동을 따라하고 있다. 이제는 누군가의 딸에서 누군가의 엄마로 발돋움해야 할 때다. 나의 어린 시절을 잠시 돌아본 후 내가 가진 결핍을 나의 자식에게 투영시키고 있지 않았는지 확인해야 한다.

그런데 좋은 엄마를 가져보지 못한 딸이 자라서 좋은 엄마가 되기란 쉽지 않다. 우리는 살면서 단 한 번도 부모가 되기 위한 교육을 받지 못했다. 부모란 어떤 사람이어야 하는지, 어떻게 행동해야 하는지 배울 수 있는 방법은 나의 부모를 관찰하고 따라 하는 것뿐이다. 현명하고 올바른 부모를 둔 자녀들은 어른이 되어서도 자연스럽게 좋은 부모가 되고는 한다. '우리 엄마라면 나를 이렇게 길렀을 거야'라고 생각하며 자신의 아이를 대한다. 그런데 안타깝게도 누군가에게는 이것이 불가능하다. 도대체 어떤 부모가 되어야 하는지 머릿속에 그려지지가 않는다.

먹여만 주어도 충분하던 시절

어떤 사람이 좋은 엄마일까? 그 기준은 어디서 찾을 수 있을까? 시중에 나온 육아 서적이나 좋은 부모 되기 책을 보면 좋은 엄마가 될 수 있을까? 유튜브나 자녀교육 강연 영상을 들으면 좋은 엄마가 되는 것일까? 나의 부모님은 좋은 엄마인가? 엄마의 어떤 모습을 좋다고 생각하는가? 반대로 엄마의 어떤 모습이 싫었는가?

옛날 어려웠던 시절에는 부모가 자녀의 교육에 신경을 많이 쓰지 못했다. 그러나 이 시대에 자란 세대는 본인의 부모가 특별히 큰 잘못을 하지 않는 한 부모를 미워하거나 싫어하지도 않는다. 그 시대에 좋은 부모란 그저 먹을 것과 입을 것, 잠자리를 잘 챙겨주는 것이었고, 자식도 부모에게 그 이상을 기대하지 않았다. 사회가 전반적으로 어렵고 가난했던 그 시절, 부모는 자녀에게 많은 것을 바라지 않았고 자녀 또한 스스로 문제를 해결하며 자립하고 성장해야 했다.

좋은 엄마 되기에 너무 힘든 세상

그러나 눈부신 발전과 물질적인 풍요를 누리는 오늘날,

우리 사회는 달라졌다. 자녀 교육이라는 명분을 위해서라면 하지 못할 일이 없다. 높은 사교육 열풍과 더불어 자녀를 위한 다양한 프로그램이 개발되는 등 관심과 열의가 넘친다. 그런데 아이들의 자립도는 오히려 떨어졌다.

요즘의 기준에서 좋은 엄마는 무엇일까? 자녀 교육에 신경을 많이 쓰는 사람이 좋은 엄마일까? 부모는 자녀의 외적인 부분뿐만 아니라 내적인 부분에도 관심을 가지고 신경을 써야 한다. 보이는 부분에 치우쳐서 살다 보면 정작 중요한 것이 무엇인지 모를 수 있다.

어느 전문가는 부모가 자녀에게 절대로 화를 내면 안된다고 한다. 그런 행위는 자녀를 망치는 길이라고 했다. 물론 부모가 일방적으로 자녀에게 화를 낸다면 자녀는 감정이 위축되고 눈치를 보게 될 것이다. 화를 내는 부모 또한 어떤 마음이 들까? 미안한 마음에 자녀에게 자신의 잘못을 덮으려 과도하게 표현하거나 합리화하기도 한다. 또는 다시 화를 내야 하는 상황이 오면 회피할지도 모른다. 부모도 혼란에 빠져 문제를 제대로 보기가 어려워진다. 그러다 부모는 참고 있던 감정을 다시 폭발하기를 반복한다. 부모라고 할지라도 자신의 감정을 다스리기는 쉽지 않다.

살기 어려웠던 시절의 엄마들은 자녀 교육에 대해 무지했을 뿐더러 자녀를 챙겨 줄 여력이나 여유가 없었다. 일부러 가르치지 않은 것이 아니라 형편이 그랬다. 그래서 예전에는 딸들이 엄마에게 대체로 관대한 부분이 많았다. 돈이 없어도 내 옆을 지켜준 엄마에게 오히려 고마워하며 엄마를 돌보는 경우를 종종 볼 수 있었다.

그러나 요즘 엄마들은 남부럽지 않게 잘해줘도 딸에게 욕을 먹는다. 그 부모 세대인 친정 엄마보다 자신의 딸에게 더 많이 가르치고, 더 많은 관심과 더 좋은 환경에서 양육했는데 모녀 관계는 껄끄럽기만 하다. 무슨 이유로 그러는 것일까?

딸들이 무기력해지는 이유

우리는 딸에게 지나친 기대를 하며 좋은 엄마가 되기 위해 노력한다. 엄마의 정서와 딸의 정서가 통하고 마음과 마음이 연결되어야 서로를 이해하게 된다. 오늘날의 엄마는 딸에게 멋진 미래를 기대하며 딸의 삶에 많은 신경을 써주려고 한다. 자신이 살아온 삶보다 더 멋지게 살도록 지원을 아끼지 않는다.

아이가 태어났을 때 엄마로서 느끼는 감정은 정말 행복하다. 한 생명이 온전히 나를 바라보고 나의 사랑을 갈구하는 느낌, 내가 없으면 안 되고 내가 절대적으로 꼭 필요한 존재라는 느낌은 이 세상을 다 가진 듯하다. 엄마가 웃고 행복하면 덩달아 아이도 웃고 행복해한다. 엄마가 기분이 울적하면 딸도 슬퍼한다. 아이에게 엄마가 이 세상 전부인 경험은 그 어떤 것보다 강렬한 경험이다. 이때 엄마는 자신이 대단한 힘을 가진 사람처럼 자부심을 느낀다. 그리고 엄마로서 자신의 삶에 만족하게 된다.

나도 그랬다. 딸의 필요를 채워주고 딸의 옆에 있어 주는 것이 좋았기에 나는 좋은 엄마의 역할을 잘하고 있다고 생각했다. 그러나 그것은 나의 착각이었다. 나는 중요하다고 생각하는 부분에만 신경을 쓰고 집중했지만, 미처 다른 면을 보지 못했던 것이다. 내가 원하는 것과 딸이 원하는 것은 다르다는 점을 항상 떠올려야 한다. 그래서 다름을 인정해야 한다. 서로를 편하고 여유롭게 바라봐줄 때 좋은 엄마가 될 수 있는 것이다.

엄마가 되면 딸을 잘 키우고 싶은 무게감과 부담감을 가지면서 불안과 걱정으로 지내는 경우를 자주 경험한다. 딸이 일찍 일어나고 부지런하게 움직이면 괜찮은 사람이고 게으르고 빈둥거리면서 종일 집에서 하는 것이 없으면 잘못 크고 있다고 여긴다. 어쩐지 불안하고 안 좋은 생각이 든다. 엄마는 딸을 바른길로 인도하기 위해 딸을 새벽 일찍 깨우고 부지런하게 만들려고 노력한다. 그로 인해 엄마와 딸의 갈등이 시작된다.

엄마가 화를 내고 자신의 마음을 받아주지 않으면 않을수록 딸의 행동은 더욱 삐딱해진다. 때로는 자포자기한 듯한 모습으로 엄마와 기싸움을 벌인다. 엄마는 포기하지 않고 어떻게서든 딸을 있는 힘을 다해 할 수 있는 모든 것을 시도한다. 엄마는 큰 소리로 협박하며 딸의 행동을 교정해 보려고 하기도 하고, 때로는 매를 들어 잘못을 깨우치려 하지만 딸은 바뀌지 않는다.

"딸이 학창 시절을 잘 보내서 성공했으면 좋겠어요."
"쟤는 너무 게을러서 종일 시체처럼 잠만 자요."
"답답하고 한심해서 꼴도 보기 싫어요."

엄마는 딸을 이해하기 어렵다고 호소한다. 그런데 엄마의 노력은 과연 누구를 위한 것일까? 엄마들은 흔히 이렇게 생각한다.

'딸을 잘 키운다.'
= '부지런히 공부하고 일하는 사람으로 키운다.'
= '그래야 아이가 성공한다.'
= '내가 우리 아이를 바꿔주어야겠다.'

사람은 마음에 갈등이 생기면 무기력하게 종일 누워지낼 수 있다. 딸이 왜 그러는지, 어째서 움직임을 멈추고 눕기를 결정했는지 그 이유를 알고 이해해주어야 한다. 내 딸은 무엇이 불편하고 무슨 일로 고민하고 있는가? 때로는 엄마로 인해 속상한 적은 없는가? 다른 사람들에게 상처받은 일은 있었는가? 딸이 자신의 마음을 표현할 수 있게 기회를 주어야 한다.

엄마는 분명 딸을 잘 키우고 싶었다. 딸이 부지런하게 열심히 살기를 바란다. 딸을 잘 키우고 있는 나는 좋은 엄마지만, 그렇지 않으면 나쁜 엄마라고 생각하여 자신을 자책하게 된다. 엄마는 자신의 모습을 투영하며 딸을 바라보았을 것이다. 엄마 자신도 수시로 무기력해 온종일 누워 있거나 잠을 잘 때도 있다. 그래서 나처럼 딸이 무너지는 꼴을 못 보겠다며 '내 딸은 내가 잘 키워서 나처럼 되지 않도록 만들 거야'라고 생각하는 경우가 있다. 그러나 내가 잘 키워야 한다는 생각에서 벗어나야 한다.

누군가의 엄마로 성장해야 할 때

40대 엄마가 10대인 딸 문제로 고민하고 있었다. 딸이 너무 소심하고 친구 관계에서도 어려워한다는 것이었다. 엄마는 이미 마흔이 넘은 어른이지만, 어른이자 부모로서 딸을 어떻게 이끌어야 할지 전혀 모르는 상태였다. 친정 엄마에게 좋은 영향을 받지 못했기에 자기 딸에게 좋은 영향을 주는 법도 모르는 것이다. 이 여성은 자라면서 어려움을 겪을 때 해결해주고 도와주는 어른이 없었다. 그래서 이 여성은 문제가 생기면 피하기만 했다. 어려운 일에 처하게 될까봐 언제나 두려워했다. 그래서 문제 해결 능력이 매우 부족하다.

그런데 엄마가 되어서 딸이 친구 관계로 어려움을 겪고 집에 오니 심장이 떨려서 어찌할 바를 모르겠다. 무서워 도망가고 싶지만 그렇다고 딸이 이런 고통을 당하는 것도 정말 힘들다. 이럴 때 엄마가 어떻게 하면 딸을 도울 수 있을까?

우선 엄마인 나와 내 딸의 감정을 분리해야 한다. 엄마는 딸이 처한 문제 상황을 마치 자신이 처한 것처럼 여기며 무서워서 벌벌 떨고 있다. 그래서 어떠한 도움도 주지 못하고 온몸이 차가워지며 얼음이 되었다. 그만큼 딸과 감정 이입하며 딸의 문제를 자신의 문제로 여겼기에 객관적인 관점으로 바라보지 못하고 안절부절못한다.

우리는 모두 살아가면서 문제를 한 번도 경험하지 않을 수 없다. 끝없는 어려움과 문제의 연속 속에서 이를 해결하는 힘을 길러야 한다. 상황을 피하지 말고 직면해야 한다. 피한다고 해서 문제가 없어지거나 사라지지 않는다. 내가 엄마에게 좋은 영향을 받지 못했더라도 나는 딸에게 좋은 엄마 역할을 할 수 있다.

엄마 자신의 문제를 인식하고 두려움을 피하지 않아야

한다. 지금 내 상태를 직면하기를 바란다. 엄마가 문제를 알고 딸의 문제를 객관적으로 바라보고 딸에게 힘이 되어 보도록 하자. 그 과정은 어린 시절 내가 겪었던 고통을 깨닫고 어린 나의 마음을 좀 더 알아주는 것에서 시작된다.

나쁜 딸이 되는 연습

어린 시절 부모에게 받기를 원했지만 받지 못한 것이 있는가?

• 정성스러운 밥과 반찬을 날 위해 해주기를 바랐다.

• 다정한 표정으로 나를 바라봐주고 웃어주기를 바랐다.

• 내가 학교 끝나고 집에 돌아왔을 때 어떤 일이 있었는지 물어봐주기

   를 바랐다.

• 내가 어려움을 겪고 있을 때 현명한 해결책을 제시해주기를 바랐다.

• (   )

엄마에게 관심을 받지 못한 나는 어떤 딸이었는가?

• 엄마 힘들까봐 엄마를 걱정하는 딸

• 엄마가 떠날까봐 두려워하며 엄마를 배려하는 딸

• 엄마에게 힘이 되고 도움이 되려는 딸

• 엄마에게 내가 필요하다는 것을 기뻐하는 딸

• (   )

(당신이 부모가 되었다면) 현재 나는 어떤 엄마인가?

• 딸에게 힘이 되어주는 엄마

• 딸에게 따뜻하게 감싸주는 엄마

• 딸에게 도움을 주지 못하는 불완전한 엄마

• 딸에게 오히려 걱정을 끼치는 엄마

• (   )

(당신이 부모가 되었다면) 내 딸은 어떤 삶을 살기 원하는가?

• 딸이 사랑받고 편한 삶을 살았으면 좋겠다.

• 딸이 너무 힘들지 않고 행복하게 살기를 바란다.

• 딸이 엄마가 옆에 있다는 것을 든든히 여기고 행복했으면 한다.

• 딸이 혼자 애쓰며 살지 않기를 바란다.

• (   )

엄마로서 나 자신을 돌아볼 때 마음에 들지 않는 모습은 무엇인가?

• 나는 엄마인데도 게으르고 부지런하지 못하다.

• 나는 엄마인데도 어떤 일을 시작하면 포기를 잘한다.

• 나는 엄마인데도 무력감에 빠지면 쉽게 헤어나오지 못하고 오래간다.

• 나는 엄마인데도 감정 기복이 심하고 쉽게 우울해진다.

• (   )

엄마란 어떤 사람이어야 한다고 생각하는가?

• 엄마란 끈기가 있어야 한다.

• 엄마란 강인해야 한다.

• 엄마란 어떤 일이든 자신 있게 해야 한다.

• 엄마란 포기하지 않고 끝까지 해낼 수 있어야 한다.

• (   )

그렇지 못한 엄마인 나를 볼 때 느끼는 감정은 무엇인가?

• 내 자신에게 화가 난다.

• 스스로가 한심하고 답답하다.

• 부끄럽고 창피하다.

• 우울하거나 무기력해진다.

• (   )

내 딸이 게으른 모습을 보일 때 어떤 생각이 드는가?

• 쟤는 내가 신경을 써주는데도 저 모양이야.

• 이렇게 좋은 환경에 도대체 뭐가 불만이야?

- 내가 어떤 노력을 더해서 딸의 모습을 고쳐주어야 하나….

- 내가 아이에게 무엇을 잘못했지?

- (   )

나는 내 딸에게 어떤 모습을 바라는가?

- 딸은 나와 달랐으면 좋겠다.

- 딸이 열심히 하고 포기하지 않았으면 좋겠다.

- 무슨 일이든 부지런하게 했으면 좋겠다.

- 긍정적으로 생각하며 자신감이 있었으면 좋겠다.

- (   )

자녀가 반항하고 내 의견에 맞설 때 어떤 마음이 드는가?

- 아이가 성공하지 못하고 잘못 클까봐 걱정된다.

- 아이를 착한 아이로 키우지 못할까봐 짜증이 난다.

- 내가 이렇게 노력했는데 아이가 헛된 생각을 하다니 억울하다.

- 주변 사람들이 나와 우리 아이의 관계를 보고 흉볼까봐 불안하다.

- (   )

나는 자녀에게 어떤 기대를 하는가?

• 내 말을 잘 들었으면 좋겠다.

• 공부도 잘하고 잘 컸으면 좋겠다.

• 엄마를 기억하고 배려했으면 좋겠다.

• 엄마의 힘듦을 알아주면 좋겠다.

• 엄마의 수고를 알고 엄마의 기분을 해치지 않는 착한 아이였으면 좋
  겠다.

• 엄마를 항상 생각하고 커서 엄마에게 효도했으면 좋겠다.

• 친구들보다 엄마인 나와 시간을 보냈으면 좋겠다.

• (   )

어른이 되어 엄마가 된 나에게는 어떤 욕구와 감정이 있는가?

• 의지하고 싶다. 기대고 싶다. 외롭다. 혼자서 하는 게 힘들다.

• 잘해야 하는데 난 왜 혼자 못할까 걱정이다.

• 내가 한심하다. 바보 같은 내가 싫다.

• 사랑한다면 이런 나를 누군가 알아서 배려해줬으면 좋겠다.

• 나를 알아서 돌봐주는 사람이 필요하다. 그게 맞고 옳은 것이다.

• (   )

나는 나의 욕구를 풀기 위해 딸을 이용하고 있지 않은가?

• 전혀 그렇지 않다.

• 가끔 그런 마음이 들지만 억지로 누르고 있다.

• 약간 그런 편이다.

• 매우 그렇다.

• (   )

자, 천천히 살펴보자. 엄마인 내가 딸에게 원하는 것은 사실 자기 자신에게 원하는 것일 가능성이 크다. 엄마인 나도 잘하지 못하는 것을 딸에게 하라고 시키며 부정적인 감정을 전달하는 방식으로 딸을 양육하고 있다. 그러면 딸은 엄마인 나만큼 자존감과 자신감이 낮은 사람으로 자랄 것이다. 내가 나를 사랑할 때 좋은 부모가 될 수 있다.

남보다 못한 가족

모녀관계가 건강하지 못한 경우를 살펴보면 엄마와 딸
뿐만 아니라 아버지와 딸의 관계, 어머니와 아버지의 관계,
형제들끼리의 관계도 건강하지 못한 경우가 많다. 어머니
가 강압적으로 가정을 지배하는데 아버지는 뒤로 물러나

서 방관한다거나, 어머니의 편애로 인해 형제들끼리 내적 갈등을 빚고 있는 등이다. 엄마와 나의 문제는 어쩌면 우리 가족 전체가 가진 문제의 일부였을지 모른다.

결혼 등으로 새로운 가족관계를 맺기 전의 가족을 원가족이라고 부른다. 쉽게 말해서 나를 낳아주고 길러준 부모와 나, 혹은 형제들이다. 우리는 원가족으로부터 의사소통 방식을 배운다. 간혹 사회에서는 인성이 훌륭하던 사람이 집에만 돌아가면 돌변하는 경우가 있다. 아마도 가족끼리 대화하는 법을 제대로 배우지 못했기 때문일 것이다.

당신은 당신의 가족이 좋은가? 그 가족을 신뢰하는가? 반대로 가족들도 나를 좋아하고 신뢰하는가? 이런 질문에 우리는 어떤 대답을 할 수 있을까? 한 번도 생각해 보지 못한 질문일 수도 있고, 누군가는 이렇게 답할 수도 있다.

"가족이니까 그냥 살아요."
"원수 같은데 가족이니까 어쩔 수 없어요."
"관계를 끊어버릴 수도 없어서 힘들고 고통스러워요."

갈등이 있는 가족의 부모나 자녀들은 몸과 마음이 병들

어 있다. 가족인데 집에 들어가면 마음이 긴장되고 불편하며 몸은 굳어서 구부정하다. 가면을 쓰고 아무렇지 않은 듯 대하지만 실상 가족의 내면은 어둡고 무겁다. 가족은 서로를 통해 기쁨을 거의 느낄 수 없고 의무감만 존재한다. 부모는 자녀들에게 무엇은 하고 무엇을 하지 말라는 이야기만 하고 자기 일에 너무 바빠 대화를 나누거나 삶을 즐길 여유가 없다. 서로를 견디기가 어려워서 일부러 피하기도 하며 오히려 밖에서 존재감을 느끼고 살고 있기도 하다.

나는 그들에게서 절망과 무기력, 외로움과 슬픔을 느낀다. 그들은 서로에 대해 풀리지 않는 분노와 증오심으로 하루하루를 견디며 살아가고 있다. 때로는 부모에게 이해받기를 원하는 마음에 억눌렸던 감정이 분노로 폭발하기도 한다. 그런 모습을 볼 때면 그들의 절망과 고통이 느껴져 안타까운 마음을 금할 수가 없다.

이렇게 고통받는 가족이 어떻게 하면 편안한 관계로 변할 수 있을까? 우리는 무엇을 원하고 무엇을 느끼고 어떤 삶을 살고 싶은지, 자신의 마음을 알아야 한다. 내가 나의 소중한 가족을 얼마나 불편하게 하고 불행하게 만드는지 과연 알고 있을까? 자신의 아픔에 빠져 사느라 무엇이 행복인지 모를 가능성이 크다. 우리 자신의 마음을 알고 자기를 이해하는 시간을 가져야 한다. 살펴보아야 할 것들이 있다.

- 나의 부모님에게는 어떤 상처가 있었는가?
- 나의 원가족에게 어떤 규칙을 배웠는가?
- 부모님의 모습을 보고 어떤 생각을 했으며 나의 미래를 어떻게 꿈꾸었는가?
- 그 다짐을 이루기 위해 어떤 노력을 했는가?
- 겉으로 어떤 의사소통을 하며 살았는가?

나와 나의 가족에 대해 자세히 알아야 한다. 자기에 대한 올바른 이해는 상대의 마음을 느끼고 볼 수 있도록 만들어 준다. 상대와 나에 대한 객관화 작업은 서로를 분리하며 한 인격체로 바라볼 수 있도록 도와준다. 나는 상처 받지 않고 상대의 상처를 볼 수 있다. 자신에 대한 질문과 답을 통해 진정한 자기를 만나고 행복한 가정으로 변화하게 된다.

의사소통 유형

　사람에게는 보이는 모습과 보이지 않는 모습이 있다. 겉으로 보이는 모습이 외모와 행동이라면 보이지 않는 모습은 마음이라고 할 수 있다. 사람의 마음은 보이지 않기 때문에 겉으로 드러난 모습으로 평가하면 실망하고 상처받고, 때로는 속기도 한다. (그래서 겉과 속이 다르면 이중인격 또는 가식덩어리 등의 표현을 쓰게 된다.)

　타인에게 보이고 싶은 나의 모습이 있기에 우리는 겉모습을 자신도 모르게 포장한다. 그 포장은 밖에서만 가능하고 집으로 들어와서는 본 모습이 나온다. 자기의 본 모습은 스스로 용납하기 어려워하고 마음에 들지 않는다. 그런 모습은 좀처럼 밖에서 보이지 않으려 한다. 사람들이 싫어한다고 생각하여 감추는 것이다. 자신의 모습을 타인의 평가에 두고 괜찮은 사람의 기준을 만들어간다. 가면을 쓰고 겉과 속이 달라져서 점점 자신을 감추는 행동이 나온다. 결국 자신을 있는 그대로 사랑하지 못하고 타인을 원망한다. 자신에게 일어나는 일에 타인을 탓하며 자신의 문제를 들여다 볼 수 없게 된다.

가족치료의 1인자로 불리는 버지니아 사티어(Virginia Satir)가 만든 '사티어 경험적 가족치료'라는 것이 있다. 사티어는 '자아존중'이 생존에 매우 중요한 역할을 한다고 생각했고 개인이 가지는 '자아존중감'이 그 사람의 사고와 행동에 큰 영향을 준다고 주장했다. 자아존중감이 높은 사람은 시련 앞에서 유연하게 대처하지만, 자아존중감이 낮은 사람은 주변 사람을 힘들게 만들 수 있다. 만약 내가 자아존중감이 낮다면, 혹은 나의 가족이 자아존중감이 낮다면 어떤 상황이 벌어지게 되는지 이해하고 대처법을 배우는 과정에서 그동안 느끼지 못했던 자유로움을 경험하는 이들이 많다. 자유로움은 나를 솔직하게 만들고 나를 더욱더 존중하고 사랑할 수 있게 한다.

가족과의 관계 속에서 자신, 타인, 상황을 보고 문제를 인식해야 한다. 어느 한쪽으로 치우치면 문제 상황을 객관적으로 바라볼 수 없다. 사티어가 말하는 네 가지 '역기능적 의사소통'에 대해 알아보고 그 속에 우리 가족은 어떤 의사소통을 사용하는지 알아보도록 하자.

회유형: 순종적이고 조용하며 희미한 존재

회유형은 자신의 감정을 억압하고 스스로 피해자의 입장이 되어 상대방에게 비위를 맞추며 상대가 불편해하고 싫어하는 말과 행동을 숨기려고 노력한다. 싸우는 상황을 극도로 싫어하기에 상대방이 원하는 것을 들어주며 상대방에게 숙이고 자신을 희생하고 억압한다.

전통적인 한국 사회의 어머니들이 주로 이런 의사소통으로 가족들과 지냈다. 옛날 시대에 여성들은 시집을 가면 시댁 귀신이 되어야 하고 다시는 친정에 오면 안 된다는 말을 듣고 살았다. 그러기에 예전 어머니들은 남편의 폭력, 외도, 시댁의 시집살이도 다 참았다. 감정이 억압되어 부당한 일을 당해도 눈물이 나서 당당하게 싸우지 못했다. 그래서 자식들에게 신세 한탄을 하며 자식이 엄마를 불쌍하게 여기며 보호하게 만든다. 당신의 어머니가 회유형이었다면, 무척 익숙한 풍경일 것이다.

그러다 자녀들이 다 성장하고 인내에 한계가 오면 이혼을 결심하게 된다. 노부부에게 황혼이혼이 유행한 적 있다. 아내는 남편 목소리도 듣기 싫으니 갈라지자는 것이다. 회유형은 자신을 스스로 존중하지 못하고 대개 자존감이 낮다. 관계를 위해 자신을 희생시켜야 한다고 여기며 존재감이 부족하다. 자신을 낮추고 사람들에게 '착하다'거나 '순하다' '성격 좋다'는 이야기를 들으며 살아간다. 좋은 사람이라는 말을 듣고 살기에 자신은 문제가 없다고 생각한다. 그리고 자신이 참았기에 자신의 가정을 지킬 수 있었다고 생각한다.

하지만 황혼 무렵에 돌변해버리는 아내를 보며 남편은 이렇게 생각했을 것이다.

'전에는 아무 말도 하지 않더니 왜 이래? 지금은 때리지도 않는데.'

참고 표현하지 않는 것은 어린 시절부터 배워왔던 의사소통의 방식으로써 자신이 할 수 있는 최선이었을 것이다. 우리는 겉과 속이 같이 표현되는 솔직한 의사소통을 통해 상대에게 나의 마음을 전해야 한다. 그래야 억압되고 왜곡된 마음이 풀리고 관계가 회복될 수 있다.

회유형의 특징

- 끝없이 누군가를 돌보려 한다.
- 타인에게 인정과 칭찬을 받으면 그제서야 자신을 가치 있게 여긴다.
- 온화하고 순종적이고 주위를 배려하는 듯이 보인다.
- 정작 자기 자신에게는 무관심하다.
- 존재감이 없다.

회유형의 마음

- 우울, 침울, 불안, 자살 충동

회유형의 질병

- 무기력, 소화불량, 두통, 공황장애
- 참아온 감정이 나이가 들며 신체로 발현되어 각종 암에 걸릴 확률 증가
- 화병(화병은 전 세계적으로 우리나라 여성에게만 발견되는 특수한 질병이다. 다른 나라에는 이런 병명조차 없다고 한다.)

비난형: 항상 자신이 옳다고 주장하는 독재자

비난형은 반대다. 이들은 자신이 항상 옳다고 생각하고 자신의 권리를 주장한다. 타인의 말을 절대 수용하지 않으려 하며, 자신을 불편하게 하거나 비난하는 것을 절대 용납해서는 안 된다는 신념을 가지고 있다. 겉으로 보이는 모습은 강하고 완벽하게 일을 처리하는 스타일이지만, 속으로는 타인을 좀처럼 믿지 못하며 주로 타인에게 지시하고 명령한다. 자신의 부정적인 감정을 상대에게 투사하고 아이같이 퇴행하면서 잘 삐지거나 화를 내는 등 폭력적인 모습도 있다. 또한 자기는 항상 옳고 상대방은 다 잘못했다고 생각한다.

옛날 아버지들이 주로 이런 모습을 보였다. 권위적이고 가부장적이며 아내나 자식들을 쉽게 비난했다. 남자는 절대 울면 안 된다고 생각하며, 가장으로서 가족을 책임져야 하고, 더 나가가 국가도 지켜야 한다고 믿는다. 비난형은 주로 회피형을 배우자로 선택하려 한다. 회피형은 나의 성격을 잘 참아준다. 게다가 착하고 순종적이라 나에게 반발하거나 공격적으로 맞서지 않을 것 같다. 비난형에게 회피형은 안심할 수 있는 배우자감으로 보인다.

그러다 보니 자녀 입장에서 부모 중 한 명이 비난형이면 다른 한 명은 회피형인 경우가 많다. 당신의 부모나 가족 중에 비난형이 있다면 그 사람은 아마도 평생 어깨에 무거운 짐을 진 것처럼 살아왔을 것이다. 그들은 이렇게 말한다.

"나는 잘해야만 해. 그리고 나는 이미 잘하고 있으니 너희만 잘하면 돼."

가족들이 잘못할 때면 강하게 비난하며 혼을 낼 때가 많다. "이게 다 우리 가족이 잘되라고 하는 말이야"라며 자신의 교육 방식이 각성에 도움이 된다고 생각한다. 그리고 "네가 열심히 하면 내가 왜 이런 말을 하겠어?"라며 자신의 강한 훈육을 정당하게 생각한다. 자신이 상대를 비난하고 상처를 주고 있다는 사실은 미처 깨닫지 못한다.

비난형은 항상 상대를 비난하지만, 반대로 누군가 자신을 비난하면 극도로 싫어한다. 자신은 잘하고 있으며 완벽하기에 비난받을 이유가 없다고 생각한다. 가족들을 비난하고 혼내왔기에 가족들은 비난형을 무서워하고 피하며 멀리한다.

비난형은 사실 인정받기를 원하는 심리가 강하다. 그런데 가족에게 사랑과 인정을 받지 못하니 밖에 나가서 욕구를 채우려고 한다. 감정적으로는 내면에 두려움과 걱정이 많다. 자기 스스로를 수용하거나 자기를 이해하고 사랑하지 못하기에 다른 사람을 이해하거나 사랑하지도 못한다. 무의식 속에서는 자기 자신을 마음에 들지 않아 하기에 어떻게든 타인을 통해 '나는 괜찮은 사람이야'라고 인정받으려 에너지를 쓴다. 외적으로 보이는 부분에 초점을 두고 있으며 삶에 높은 기준을 갖고 있다. 그래서 스스로 만족스러운 기분을 느끼지 못하거나 무엇이 만족스러운 삶인지 정확히 알지 못한다. 자신에게도, 가족에게도 채찍질하며 살아가는 경우가 많지만 정작 본인은 자신이 가혹하게 굴고 있다는 사실을 눈치 채지 못한다. 상대가 불행해하면 "그건 네 탓이야"라고 말한다.

비난형은 성장기에 받았던 부당하고 불편한 감정의 영향으로 가슴 깊은 곳에 분노를 품은 채 살고 있다. 자신의 힘들었던 마음과 만족스럽지 못했던 시절에 영원히 머무른다. 그래서 현재의 삶이 만족스럽기를 바라지만 좀처럼 만족감이 느껴지지 않는다. 그 만족감을 얻으려면 과거에는 느끼지 못했지만 현재는 느끼고 있는 부분이 무엇인지 객관적으로 관찰하는 시간이 필요하다. 그리고 힘들었던 자신의 감정을 만나주어야 한다. 그래야 자기와 타인을 수용하고 이해하는 마음이 생길 수 있다.

비난형의 특징

- 남을 탓한다.
- 타인을 위협하는 발언을 한다.
- 멋대로 판단한다.
- 상대에게 명령한다.
- 타인의 결점을 잡기를 좋아한다.
- 독재자처럼 군다.

비난형의 마음

- 분노, 분개
- 좌절, 실패감
- 불신, 외로움
- 성장기 억눌렸던 상처로 인한 고통

- 도덕적이어야 한다는 강박
- 타인에게 적대적이고 경쟁적
- 편집증적이거나 폭력적

비난형의 질병
- 근육 긴장, 고혈압, 뇌졸중, 심장병

회피형: 이성과 합리로 무장한 중립군

회피형(초이성형)은 규칙에 따라 옳고 그름만 중시한다. 완고하고 냉정한 자세를 취하며 독자적인 행동을 한다. 관계에서 갈등이 일어났을 때 자신의 감정을 억압하고, 대신 객관적인 상황을 읽어내며 합리화한다. 자신이 무척 이성적이고 합리적이라 생각한다. 본인의 감정을 무시할 뿐만 아니라 타인의 감정도 무시하고 문제 상황만 냉철하게 바라본다. 감정적인 면을 싫어하고 더 나아가 감정적이면 안된다고 생각한다. 어린 시절 화내는 아버지와 우는 어머니를 자주 목격했다면, 살아남기 위해 자신의 감정을 억압했

을 것이다. 그리고 방에 혼자 들어가 이런 생각을 품었을
것이다.

'나는 아빠처럼 화내지 않을 거야.'
'엄마처럼 바보같이 울면서 살지 않을 거야.'

자연스럽게 갈등 상황을 싫어하는 사람으로 성장한다.
감정적인 상황에 잘 대처하지 못하고 감정적인 것은 좋지
않다고 여긴다. 오히려 그래서 문제가 발생한다. 감정적인
경우에도 냉정한 모습으로 일에 관여하지 않으려 하거나
뒤돌아서는 행동을 하니 상대는 불만을 가지지만, 그런 조
언조차 듣지 않으려 한다. 가까운 가족과의 문제 해결은 어
려워하면서 감정적으로 연결되지 않는, 자신과 상관없는
상황에서는 객관적으로 분석해서 조언해 도움이 되기도
한다. 거리를 둘수록 좋은 사람이 되는 것이다.

이들은 자신의 감정을 억압한다. 감정은 중요하지 않다
고 여기며 차단한다. 그러다 자신의 감정이 드러나면 수치
심과 부끄러움을 느낀다. 자신의 아픈 내면을 말할 때도 마
치 제3자가 이야기하듯이 보인다. 과거의 나를 객관적인

대상으로 여기며 마치 물건을 대하듯 비판하거나 평가할 뿐이다. 자기를 혐오하거나 거리를 두고 대한다. 누군가 공감해주며 "그런 상황에서 얼마나 힘들고 아프셨어요?"라고 말하면 이들은 "그런가 보죠" 하며 적당히 끝맺음한다.

가까운 가족과도 친밀한 관계를 유지하기 어려워하며 타인과도 갈등 관계로 남아 있는 경우가 많다. 회피형은 자신과 다른 사람을 과소평가하고 주로 문제가 발생하고 있는 상황을 해결하기 위한 방법에만 초점을 맞출 뿐이다. 감정을 억압하며 살아왔기 때문에 다른 사람의 감정도 부담스러워하는데, 극단적인 문제가 찾아오면 내면에 억압된 감정, 즉 분노나 억울함을 느끼고 매우 예민하게 행동하기도 한다. 이들은 언제나 억울하다고 생각한다. 항상 감정을 참고 있기 때문이다. 반면 다른 사람은 이들을 대할 때 '벽에 대고 말하는 기분'이 든다.

회피형은 감정적 변화가 많은 친밀한 일대일 관계를 어려워하고 혼자 있기를 좋아한다. 적절한 거리를 두고 관계를 맺으며, 친해지고 나면 갈등을 빚어 거리가 멀어지기도 한다. 그래서 가족들과도 적절한 간격을 두고 있고 불화가 일어나지 않도록 노력한다. 배우자나 자녀는 이들에게 심리적으로 거리감을 느낀다. 일부러 그러는 것은 아니고 이 방법밖에 몰라서 그렇다.

감정을 느끼는 것이 무엇인지 이해하고 감정을 표현하는 단계에서 수치심을 가지지 않도록 연습하면 좋아질 수 있다. 그로 인한 부정적 감정 경험을 이해하고 자기 자신을 만나야 한다. 개선되기까지 다른 사람보다 더 긴 시간이 필요하다. 그때도 감정이 올라오는 자신을 대면하지 못하고 피하고 싶어 한다. 문제를 머리로만 이해하지 말고 감정으로 내려가도록 훈련해야 한다.

회피형의 특징

- 어떤 상황에 대한 긴 설명을 필요로 한다.
- 사적인 주제, 내면에 들어 있는 말을 회피한다.
- 감정을 거의 드러내지 않는다.
- 자신의 가치에 대한 확신이 부족하다.

회피형의 마음

- 민감하다.
- 외롭고, 고독하다.

- 공허하다.

- 무기력하다.

- 통제력 상실에 대한 공포가 크다.

- 상처를 쉽게 받는다.

회피형의 질병

- 피부 질환, 림프 이상, 요통, 단핵증, 심장계 질환, 암 등

부적절형: 정 붙일 곳 없는 산만한 방랑자

부적절형(산만형)은 갈등 상황에 무척 혼란스러워한다. 이들은 산만한 행동으로 위축된 자신의 감정을 감춘다. 문제가 생기면 불편한 '지금 여기'에 머무르지 못하고 내면이 다른 곳을 향해버린다. 불안해보이고 산만해보인다. 그러다 보니 부적절한 언행으로 주변의 지탄을 받는다. (본인은 분위기를 밝게 만들려고 한 것이다.) 심각한 상황을 극도로 싫어하며, 진득하게 하나만 집중하지 못하고 이것저것 시도한다.

부적절형은 어린 시절 부모가 싸울 때 산만하게 양쪽을

왔다갔다 하며 심각한 상황을 어떻게든 밝게 바꾸어보려 했을 가능성이 높다. 심각한 상황에 맞는 적절한 표현 대신 엉뚱한 말을 해서 그 상황을 벗어나고 싶어 한다. 친구들 사이에서도 심각한 이야기를 하면 불안을 느낀 나머지 자꾸 웃기려고 한다. 현재 자신과 타인의 상황을 파악하지 못하고 혼란스러운 감정을 감당하지 못하기에 겉모습은 밝게 바꾸면서 다른 화제로 돌리는 습관이 있다. 다른 사람이 볼 때는 밝은 사람으로 보이지만 속에는 심각한 걱정과 불안이 잠재되어 있고 혼돈스러운 상태다.

이들은 가벼운 것을 좋아하고, 동시에 여러 가지 일을 하려고 한다. 그래서 끝마무리가 잘 안되는 경우가 많다. 가까운 가족에게 "너는 속이 없다"는 말을 들을 때가 있다. 보는 사람도 불안해서 챙겨주게 된다. 이들은 그런 것을 사랑이라고 느끼고 관심받는다고 생각한다. 하지만 가족들은 이들의 부산함에 불안을 느끼며 걱정한다. 결국 "너는 생각이 없어!"라는 불만이 터져나오며 갈등이 발생한다. 긴장감을 견디기가 힘들기 때문에 산만한 행동을 함으로써 스트레스 상황을 피하려 한다.

아직 성장기인 경우 부적절형은 산만한 증상을 주로 보

이지만, 이 외에도 멍하니 있거나, 게임만 하거나, 판타지 만화에 빠져 현실을 회피하려고 하기도 한다. 이들은 삶의 의미를 잘 느끼지 못하며 내면이 비어 있다.

부적절형은 심각하고 무거운 분위기를 마주했을 때 가만히 받아들이는 연습을 해야 한다. 물론 그런 분위기를 견디는 것이 부적절형에게는 무척이나 불편하다. 하지만 '이 분위기는 내 탓이 아니야. 내가 엉뚱한 말이나 행동을 하면 그것 때문에 상황이 더욱 심각해질 거야'라고 생각해보자. 주변 사람들은 나를 이상한 사람, 분위기 파악 못하는 사람, 생각 없는 사람으로 오해할 것이라는 사실을 알아야 한다. 내 행동이 어떤 결과를 가져오는지 인지하는 것만으로도 많은 변화가 찾아온다.

부적절형의 특징
- 지나치게 활동적이다.
- 부산스럽게 움직이는 편이다.
- 인간의 감정에 둔감하다.
- 상황에 맞지 않는 부적절한 행동으로 주의를 끌려고 한다.

부적절형의 마음

- 매우 민감하다.
- 진짜 감정을 숨긴다.
- 외로움과 고립감에 빠진다.

부적절형의 질병

- 신경계통 이상, 위장 이상, 당뇨병, 편두통, 어지러움 등

내 안의 여러 유형

사람은 단 한 가지 성격 유형으로 구성되지 않는다. 한 명의 사람이 2~3가지 유형을 동시에 사용할 수 있다. 그리고 집에서 보이는 얼굴과 밖에서 쓰는 가면이 다를 수 있다. 우리는 현재 나의 가장 가까운 가족에게 어떤 의사소통 방식을 사용하고 있는지 점검해봐야 한다. 사회생활에서는 잘 드러나지 않던 성격이 가정에서는 발견되기도 하기 때문이다. 우리는 집과 같이 편안한 곳에서 자기 본연의 모습을 꺼내보인다. 그래서 가족끼리는 더욱 쉽게 상처를 주고

받는다.

　가족 내에서 문제가 없을 때는 대화가 잘되다가도 어떤 갈등이 발생하면 분위기가 뒤바뀔 수 있다. 이런 갈등 상황에서 어떤 의사소통 방식을 사용하는지 잘 살펴보아야 한다. 나와 가족이 왜 이런 의사소통 방식을 사용하고 있는지 이해하는 시간을 가지자. 그리고 내 마음속 생각과 겉으로 하는 표현이 일치할 수 있도록 해야 한다. 속으로는 불편한데 겉으로는 웃고 있다면 고쳐나가야 한다. 적극적으로 노력한다면 그만큼 빠르게 개선할 수 있다.

나쁜 딸이 되는 연습

나의 부모님은 어떤 소통 방식을 사용하였는지, 어린 시절 나는 부모님으로부터 어떤 소통 방식을 배웠는지 떠올려보자. 우리는 언제나 현재의 자기 모습을 솔직하게 표현할 수 있어야 한다. 몸은 성장했지만 마음은 어린 시절에 멈춰 있다면, 과거로 되돌아가 고통을 경험하는 어린 나를 만나주어야 한다. 그래야만 그때와 달라진 현재를 살아갈 수 있다.

회유형 엄마가 비난형 아빠에게 폭력과 괴롭힘을 당한 경우

• 어린 시절 딸로서 참으며 지냈을 것이다.

• 사춘기를 지나면서 스스로를 방어할 힘을 갖기 위해 아빠 이상의 강력한 비난형으로 성장했을 수 있다.

• 그렇다면 어른이 된 지금, 주변인에게 비난과 폭력을 행사하고 있을지 모른다.

비난형 엄마와 회유형 아빠를 만난 경우

- 가족 내 갈등 상황 속에 끝없이 엄마의 분노와 화를 보고 성장했을 것이다.
- 엄마에게 자주 혼났기에 '나는 나중에 절대 저런 어른이 되지 말아야지'라고 생각하며 회유형으로 성장했을 수 있다.
- 어른이 된 지금, 타인의 감정을 잘 느끼지 못할 수 있다.
- 자녀를 대할 때 너무 이성적이고 냉정한 양육 방식을 사용할 가능성이 있다.

회피형 엄마가 산만형 아빠를 비난하는 경우

- 아빠를 비난하고 싫어하는 엄마가 미웠을 것이다.
- 그런 아빠를 불쌍하게 여기며 자신도 산만형으로 성장했을 수 있다.
- 어른이 된 뒤에도 정서적으로 안정되어 있지 않을 수 있다.
- 부모가 되었다면 자녀에게 집중하지 못하고 부모 본인의 겉모습과 즐거움만 추구하며 산만하게 양육할 가능성이 있다.

산만형 엄마와 비난형 아빠가 결합한 경우

- 엄마는 끝없이 아빠에게 혼났을 것이다.
- 엄마가 집에서 시간을 보내지 않고 밖으로만 돌았을 수 있다.

- 그런 엄마를 보고 아빠와 엄마에게 맞추며 회유형 어른으로 성장하지 않았는지 되돌아보자.
- 부모가 되었다면 자녀를 양육할 때도 힘 없이 아이에게 의지할 가능성이 있다.

우리는 보통 나와는 다른 의사소통 방식을 쓰는 사람을 배우자로 만난다. 그러나 이런 경향을 우리는 정확히 인지하지 못하는 경우가 많다. 이제라도 내가 중요하게 생각하는 기준과 규칙을 정리해보아야 한다. 나를 깊이 알아야 내 자신을 도울 수 있다. 그리고 상대를 알아야 나와 상대를 객관화 할 수 있다. 그때 비로소 우리는 관계에서 자유로워진다.